NOTICE

SUR LA

SOCIÉTÉ DE SECOURS MUTUELS

DE SANVIC

FONDATION, ADMINISTRATION, RÉSULTATS

HAVRE

Imprimerie du Journal LE HAVRE (L. Muner, imprimeur)

35, RUE FONTENELLE, 35

1896

NOTICE

DÉPÔT LÉGAL
Seine-Inférieure
N° 366
18 96

SUR LA

SOCIÉTÉ DE SECOURS MUTUELS

DE SANVIC

FONDATION, ADMINISTRATION, RÉSULTATS

HAVRE

Imprimerie du Journal LE HAVRE (L. Murer, imprimeur)

35, RUE FONTENELLE, 35

—

1896

NOTICE

SUR LA

SOCIÉTÉ DE SECOURS MUTUELS

DE SANVIC

FONDATION, ADMINISTRATION, RESULTATS

Fondée le 25 décembre 1864, la Société de Secours mutuels de Sanvic compte donc plus de trente ans d'existence.

Pendant cette période, elle a toujours tenu ses promesses et respecté tous ses engagements.

Quoique la cotisation imposée à ses Membres soit une des moins élevées de notre département, — si ce n'est pas la plus faible, — elle a pu, tout en dépensant la somme relativement importante de 176,401 fr. 25, se constituer un capital disponible de 19,787 fr. 82 indépendamment de son fonds de retraites qui s'élève actuellement à 10,175 fr. 63.

Ces résultats sont dus, non-seulement à la prudente gestion des finances de la Société, mais aussi à l'esprit d'ordre des Sociétaires qui, tout en usant raisonnablement et modérément de leurs droits, mettent en pratique, sans contrainte, les obligations sociales inscrites dans nos Statuts : c'est pourquoi nous avons cru devoir publier quelques renseignements sur le fonctionnement et l'administration de notre Société depuis sa fondation.

Nous avons le désir de faire ressortir les changements successifs apportés à nos règlements, les modifications administratives nécessitées par des circonstances spéciales et locales, ou justifiées par les transformations progressives des conditions générales de la vie.

Ce sera, qu'on nous permette le mot, l'histoire succincte de notre Société de Secours mutuels ; nous relaterons les travaux accomplis, les améliorations réalisées, les résultats obtenus ; nous traduirons de notre mieux la façon avec laquelle la Société remplit ses obligations et la manière dont les Sociétaires s'acquittent de leurs devoirs.

Si, en produisant ainsi publiquement à l'Exposition nationale de Rouen, nos modestes travaux, nous pouvons être quelque peu utiles à la cause de la mutualité et rendre en même temps un légitime hommage aux Fondateurs de notre Société et aux Administrateurs qui l'ont amenée à son degré actuel de prospérité, nous aurons atteint notre but.

Sanvic, le 25 décembre 1895.

LE PRÉSIDENT,
EDM. BOULLANGER.

LE VICE-PRÉSIDENT,
P. LÉGER.

LE SECRÉTAIRE GÉNÉRAL,
Z. GAUDOUIN.

LE TRÉSORIER,
G. BOIVIN.

FONDATION DE LA SOCIÉTÉ

Le 25 décembre 1864, les habitants de Sanvic étaient conviés à une réunion qui avait pour but la constitution d'une *Société de Secours mutuels*. Cette réunion, provoquée par M. Léon Duplessy, maire de Sanvic, sur l'instigation de M. le baron Louis Gros, sous-préfet du Havre, eut un succès certainement inattendu. M. Lebond, qui fut Secrétaire général et Vice-Président de la Société, donna le premier son adhésion et, huit jours après, le nombre des adhérents s'élevait à 203. C'était, certes, un résultat encourageant et de nature à stimuler le zèle des fondateurs.

BUT DE LA SOCIÉTÉ

AVANTAGES PÉCUNIAIRES ET MORAUX

La Société a pour but :

1° De donner les soins du médecin et les médicaments aux Membres participants malades ;

2° De leur payer une indemnité pendant la durée de la maladie ;

3° De pourvoir à leurs funérailles ;

4° De leur assurer une pension de retraite.

Dans une population ouvrière, ces avantages sont très appréciables et voici comment ils ont été développés dans notre commune en diverses circonstances :

« ..... J'ai l'espoir que d'ici une année, il n'y aura pas un homme de bien dans cette commune (et, j'ose le dire, il n'y en a pas beaucoup d'autres) qui, l'âge le permettant, ne tienne à honneur de faire partie de notre Société. J'ai l'espoir aussi de voir augmenter le nombre des mères de famille ; peu, jusqu'ici, ont profité de cette faculté d'admission. Peut-être cette négligence vient-elle de ce que beaucoup en ignoraient la possibilité. Aussi est-il à penser que nos Statuts étant maintenant publiés, le nombre s'en accroîtra.

» Car, pourquoi la femme de ménage ne profiterait-elle pas des mêmes avantages que le chef de famille ? N'est-elle pas sujette, elle aussi, aux mêmes infirmités et n'a-t-elle pas à voir la vieillesse avec la même crainte ? Souvent même, sa position n'est-elle pas plus précaire que celle de l'homme lorsque les années s'appesantissent sur sa tête.

» Malheureusement, nos Statuts nous ont forcé à rejeter ceux-là mêmes qui, par leurs infirmités, auraient pu faire apprécier l'utilité de l'institution ; mais, vous le savez Messieurs, pour qu'une Société puisse durer, il faut qu'elle soit assise sur des bases prudentes et calculées. Au moins, que les privations du vieillard, que nous ne pouvons adoucir, soient un exemple pour la jeunesse ! Que chaque fils se dise : Si mon père avait eu nos avantages, il ne serait pas, aujourd'hui, à la charge de ses enfants ; il vivrait paisiblement du sien, c'est-à-dire de ses propres économies.

» ..... Nous avons eu à combattre de vieux préjugés. Tel ne voyait, dans notre Société, qu'un Bureau de Bienfaisance déguisé, et tel autre critiquait l'admission de certains honorables ouvriers qui n'avaient d'autres torts que d'avoir su s'amasser déjà un petit pécule.

» Aujourd'hui, les scrupules sont levés et l'erreur est reconnue ; notre association n'est plus considérée que comme une simple Caisse de prévoyance, calculant sur les chances de maladie ou même de mortalité de ses Membres, comme celle à laquelle souscrit, journellement, le plus riche négociant, et notre co-associé ne se formalise pas plus de recevoir sa part en médicaments que l'associé de mainte compagnie d'assurance sur la vie, de recevoir, en argent, sa quote-part de bénéfices.

» Maintenant, chaque Membre n'examine plus la position pécuniaire de son co-partenaire ; il lui suffit qu'il soit assis à côté d'un homme de bien, et chacun sait que la première condition d'admission imposée par notre Société est d'être un honnête homme et de se comporter honorablement.

» ..... Notre Société mérite déjà quelques considérations et les services qu'elle a rendus peuvent se compter. Assurément, ceux qu'elle est appelée à rendre sont encore plus grands, et chacun semble assuré aujourd'hui que ces rêves de bien-être des classes laborieuses ne sont plus une utopie puisqu'ils sont consacrés par les résultats.

» L. Duplessy *(Assemblée générale du 3 décembre 1865).* »

« ..... Reconnaissons-le tous ensemble, la mutualité existe aujourd'hui à Sanvic.

» Cette mutualité n'est plus un vain simulacre d'union qui, à d'autres époques, au moyen d'un mirage trompeur et fascinant pour les déshérités de la fortune, ne tendait à autre chose qu'à asseoir la position pécuniaire ou politique de quelques aventuriers.

» Mais c'est la véritable mise en pratique de ce principe si bien décrit par notre grand poète contemporain Lamartine, dans ses *Visions* :

> Vous vous assisterez dans toutes vos misères,
> Vous serez, l'un à l'autre, enfants, mères et pères;
> Le fardeau de chacun sera celui de tous,
> La charité sera la justice entre vous.

» La mutualité, telle qu'elle est comprise maintenant dans notre commune, n'est autre chose que la solution d'un problème à l'étude depuis bien des siècles et regardé toujours comme insoluble. C'est le véritable moyen de faire agréer un bienfait sans blesser et de pouvoir l'accepter sans rougir. C'est, en un mot, sinon le dernier terme des aspirations de l'humanité, du moins l'expression pratique et raisonnée des améliorations apportées successivement et depuis bien des années au bien-être social.

» Ce que nous voyons chaque jour parmi nous, ne suffit-il pas pour nous convaincre des avantages de la mutualité et nous la faire comprendre ?

» Chaque jour, ne voyons-nous pas quelques-uns de nos Sociétaires subir la maladie sans épuiser les ressources de la famille ? La gêne s'est-elle même fait sentir dans la maison pendant que le père était sur le lit de douleur ? Le fournisseur a-t-il cessé d'alimenter le ménage du néces aire ? Le propriétaire est-il venu menacer d'expulsion parce que le loyer n'était pas encore payé ? Non, certainement, et d'abord parce que nul n'ignorait que la Société suppléerait à la gêne du moment, parce que chacun savait, en outre, qu'on était en face d'un homme sobre et économe, puisque c'était un Sociétaire.

» Et encore, la guérison n'a-t-elle pas été probablement plus prompte que si le malade eût eu à s'occuper de trouver des ressources ; le calme de l'esprit dans la maladie n'est-il pas un des remèdes les plus efficaces et sans lequel même il n'est pas de guérison possible ?

» Ne voyons-nous pas, lorsque la mort vient frapper à la porte d'un des nôtres, la veuve pouvoir encore conserver sa modeste demeure, peut-être tout ce qu'elle pourra léguer à ses enfants ? Pourquoi ? Parce qu'elle n'a pas eu besoin d'emprunter pendant la maladie ; parce que, si la séparation a été douloureuse, elle n'a pas, du moins, été ruineuse.

» Ne voyons-nous pas ceux de nos associés qui paient l'inévitable tribut à la nature, conduits au champ du repos avec un cortège et un apparat auxquels les familles ne pouvaient certainement prétendre, si ces défunts n'eussent pas fait partie de notre Association ?

» L. Duplessy (*Assemblée générale du 10 mars 1867*). »

«..... La Société garantit à ses Membres certai... avantages au point de vue moral. Elle leur donne le prestige, l'influence de son nom, l'autorité de la collectivité ; elle leur permet de se glorifier de ses principes, de ses actes, toujours dictés par le seul sentiment de l'honneur. Elle fait mieux, elle leur facilite cette satisfaction du cœur, légitime privilège de celui qui accomplit une bonne action, de celui qui mène une vie exempte de reproches.

» L. DUPLESSY (*Assemblée générale du 31 janvier 1869*). »

«..... Continuons à nous aider, à nous encourager mutuellement ; groupons nos forces et nos ressources ; assurons à tous le bien-être ; à nos anciens Membres une vieillesse paisible et respectée ; que le titre de Membre de l'Association de Sanvic devienne un titre précieux et respecté ; qu'une inscription sur les registres de notre Société équivale à un brevet de prudence, de sagesse, de généreux sentiments et de parfaite honorabilité.

» G. LE MORE (*Assemblée générale du 9 février 1868*). »

« Après une interruption de dix mois, le Cons¹ reprend aujourd'hui la série de ses réunions et de ses travaux forcément ajournés par suite des graves événements qui se sont succédés. La *Société mutuelle de Sanvic* a néanmoins continué à fonctionner, et a toujours rempli intégralement tous ses engagements à l'égard de ses adhérents, ce qui est la meilleure preuve que l'on puisse citer de la bonne organisation et de la vitalité de cette bienfaisante institution dont les avantages ont contribué, dans une large proportion, à adoucir les maux qu'avaient fait peser sur nos Sociétaires la guerre, le chômage, les rigueurs de la saison et la persistance d'une épidémie.

» C'est dans les moments de crise que l'on a plus facilement l'occasion d'apprécier les résultats des institutions de prévoyance : aussi, bien des Sociétaires sont-ils venus, dans ces derniers temps, témoigner au Président que la Société les avait sauvés de la ruine, et qu'à elle seule ils étaient redevables de leur existence et de leur position.

» CONSEIL D'ADMINISTRATION
» (*Extrait de la séance du 27 juin 1871*). »

COMPOSITION DE LA SOCIÉTÉ

La Société se compose de Membres honoraires et de Membres participants.

Les femmes peuvent faire partie de la Société.

Les enfants de 6 ans, au moins, y sont admis.

Le nombre total des Membres honoraires qui ont été inscrits sur les registres de la Société depuis sa fondation est de 329 ; celui des Membres participants de 1,412.

La Société a l'honneur de compter parmi ses Membres honoraires M. Félix Faure, président de la République ; elle est fière d'avoir vu figurer au même titre, sur ses registres, S. M. la Reine Christine et S. Exc. le Duc de Rianzarès.

La moyenne des Membres des Sociétés mixtes était, en 1890, de 263 : 40 honoraires et 223 participants (153 hommes, 70 femmes) ; la Société de Sanvic comptait 504 adhérents : 103 Membres honoraires et 401 participants (222 hommes, 179 femmes).

Le nombre des Membres âgés de plus de 55 ans atteint une moyenne de 16,99 o/o ; à Sanvic, le quantième est de 24,75 o/o.

Les Sociétés qui admettent des enfants ne forment qu'un contingent de 8,19 o/o. Le nombre d'enfants par Société est, en moyenne, de 47. La cotisation de ces Sociétaires ressort à 3 fr. 48 et la dépense à 2 fr. 96. La Société de Sanvic comptait en 1890 : 49 enfants payant une cotisation de 6 fr. et coûtant 3 fr. 21.

Au point de vue du nombre de ses Membres, notre Société occupe :

1° Pour les honoraires, le dix-septième rang dans la Seine-Inférieure ;

2° Pour les participants, le quatorzième rang.

Dans l'arrondissement du Havre, quatre Sociétés seulement ont plus de Membres honoraires et une plus de Sociétaires participants.

De l'admission des Membres participants.

§ 1er. — AGE D'ADMISSION

L'âge extrême d'admission des Sociétaires était, lors de la fondation de la Société, limité uniformément à 5o ans pour les hommes et les femmes. Une proposition tendant à l'extension de cette limite fut même développée à une réunion du Conseil d'administration en 1866 ; renvoyée à une Commission d'études, elle fut l'objet d'un remarquable rapport de M. G. Le More que nous reproduisons in-extenso :

» Messieurs,

» Dans votre réunion du 15 mars dernier, vous avez nommé une Commission pour étudier une proposition faite par notre honorable secrétaire, M. Leblond, afin d'admettre dans la Société des Membres ayant dépassé la limite d'âge fixée par les Statuts et de venir par là en aide à la classe si intéressante des vieillards de la commune.

» Pénétrée de l'importance que vous attachiez à cette proposition, votre Commission s'est réunie le 21 avril dernier sous la présidence de M. Duplessy, président, et, m'ayant fait l'honneur de me nommer rapporteur, je viens en cette qualité vous faire connaître le résultat de ses travaux.

» L'article 8 des Statuts, en adoptant le chiffre de 5o ans comme limite d'âge, pour être admis Membre participant de notre Société, a fait preuve de prudence ; car il est reconnu que si cette limite était dépassée, elle serait un danger, non seulement pour la prospérité, mais encore pour l'existence de la Société.

» Voici à cet égard l'opinion de divers auteurs ayant étudié cet important sujet :

» A. Vergne, dans son *Traité théorique sur les Sociétés de Secours mutuels*, s'exprime ainsi :

« Il y a dans la vie de l'homme au point de vue de » l'incapacité de travail, deux périodes bien distinctes.

» Pendant la première, cette incapacité n'est en général
» qu'un fait exceptionnel causé par des maladies ou autres
» circonstances passagères.

» Pendant la deuxième, au contraire, elle tient essentiel-
» lement à un fait normal ; car elle correspond à un affai-
» blissement de forces que l'âge amène toujours avec lui. »

» Il fixe 45 ans comme point de départ de cette dernière
période, et pense que les Sociétés, en adoptant cet âge
comme limite, auront malheureusement encore beaucoup
à faire.

» Jules Scurre, dans son *Essai sur les Institutions de
prévoyance* dit : « qu'il est convenable, qu'il est même
» nécessaire de ne pas admettre de Membres au-dessus de
» 50 ans, car, passé cet âge, les forces décroissent, les infir-
» mités surviennent, les maladies se prolongent, et le
» Sociétaire coûte généralement plus à la masse qu'il ne
» lui apporte. »

» Enfin, Emile Laurent, dans son remarquable ouvrage
sur le *Paupérisme et les Associations de prévoyance*, l'abbé
Borel, dans son *Manuel des Sociétés de Secours mutuels*,
et autres écrivains, conseillent tous d'être très sévère sur
la limite d'âge fixée à 50 ans.

» Non seulement votre Commission, pour s'éclairer,
s'est attachée à consulter les divers auteurs que je viens
d'avoir l'honneur de vous citer ; mais elle a été plus loin.
et elle a puisé de précieux renseignements dans les docu-
ments fournis par les Sociétés d'Angleterre et d'Ecosse,
véritables berceaux des Associations mutuelles, où leur
nombre s'élève à quarante mille environ, presque toutes
de création fort ancienne ; ce qui a permis d'établir d'inté-
ressantes tables de proportion des journées de maladie
suivant l'âge.

» M. A. Finlaison, dans son rapport sur l'enquête
ordonnée par le Parlement anglais, sous la direction des
Lords de la Trésorerie, fournit une table sur un résultat

de cinq années comprenant trois cent mille individus, et il établit une moyenne des journées de maladie, suivant l'âge, par an et par personne :

De 15 à 30 ans, il trouve 6 jours 21 à   6 jours 91
De 35 à 40   »   »   7   »   14 à 8   »   21
De 45 à 50   »   »   9   »   34 à 11 »   49
Puis de 50 à 60   »   »   13 »   95 à 18 »   73
Et enfin, à 65   »   »   27 »   36.

» M. Scratchaley, dans un ouvrage de grande autorité, constate que l'homme est exposé à un minimum de 5 à 7 jours de maladie par an ; et tout ce qui dépasse ce minimum dépend de son âge. Deux tables, l'une ne comprenant que les cas de maladies ordinaires, l'autre s'appliquant indistinctement aux maladies ordinaires et chroniques, ont été dressées d'après ce système, et donnent les chiffres suivants :

Journées de maladies ordinaires.

De 15 à 30 ans, 6 jours 23 à   6,97
De 35 à 40   »   7   »   37 à 8,14
De 45 à 50   »   9   »   31 à 11,25
Puis de 55 à 60   »   14   »   36 à 19,41
Enfin à 65   »   27   »   57.

Maladies ordinaires et chroniques.

De 15 à 30 ans, 6 jours 38 à   7 jours 74
De 35 à 40   »   8   »   60 à 10   »   14
De 45 à 50   »   12   »   54 à 16   »   48
Puis de 55 à 60   »   22   »   82 à 33   »   10
Et enfin à 65   »   49   »   72.

» MM. Oliphant, Ansell et Nieson nous fournissent également des tables donnant à peu près les mêmes résultats, sauf, cependant, celle de M. Nieson dont les chiffres sont regardés comme trop élevés.

» Une fois cette limite de 50 ans dépassée, il est incontestable que les journées de maladie augmentent avec une effrayante rapidité, et qu'en conséquence, à partir de cet âge, les frais ne peuvent que s'élever à un chiffre ruineux pour les Associations.

» En effet, si de 18 à 25 ans, un Membre coûte de 4 fr. 94 à 5 fr. par an, de 51 à 60 ans, il coûtera 12 fr. 53 à 20 fr. 26 et de 61 à 64 ans, on arrivera au chiffre exorbitant de 21 fr. 58 à 31 fr. 94.

» Voilà, Messieurs, ce que nous avons recueilli dans les ouvrages faisant, pour ainsi dire, loi par l'autorité des hommes éminents qui en sont les auteurs.

» Mais, examinons un instant les résultats fournis par notre Société elle-même, composée de tous Membres valides ayant moins de 50 ans d'âge, et nous reconnaîtrons que le produit des cotisations des Membres participants ne laisserait à l'Association qu'un bénéfice insignifiant, sans l'adjonction des cotisations des Membres honoraires, nos dépenses s'élevant à o fr. 90 par mois pour chaque Sociétaire.

» Ce chiffre se trouverait bien vite dépassé, si vous adoptiez la proposition qui vous est faite ; car il ne faut pas oublier qu'une des plus lourdes charges pour la Société, est sans contredit celle des funérailles ; et que chaque Membre que la Société perd, occasionne une dépense de 57 fr. environ. Or, jusqu'à 50 ans, la mortalité est évaluée à 3 o/o par an, soit 1 fr. 71 de dépense annuelle par individu ; tandis que de 50 à 60 ans, elle est de 7 o/o, soit 3 fr. 99 et de 60 à 65 ans, cette proportion s'élève à 11 o/o soit alors 6 fr. 27 par personne.

» Ces chiffres parlent assez par eux-mêmes, et il devient inutile de les commenter.

» Il ne nous reste plus à examiner que la question de cotisation proportionnelle, et votre Commission s'en est préoccupée ; beaucoup d'hommes compétents l'ont traitée ; plusieurs la conseillent, mais ne l'admettent que dans les Sociétés de création très ancienne (ayant au moins 30 ans d'existence).

» D'ailleurs une semblable mesure, si elle était accueillie par vous, exigerait une modification des Statuts de notre Société, ce qui ne pourrait avoir lieu qu'en vertu d'une autorisation ministérielle. Et, en vérité, Messieurs, pour vous convaincre de sa stérilité, il suffira de vous rappeler que, passé 5o ans, le chiffre des dépenses est tel qu'il réclamerait une cotisation si élevée, qu'elle éloignerait sans doute le petit nombre de Sociétaires qui auraient l'intention de solliciter leur admission.

» En résumé, Messieurs, et bien qu'il nous soit très pénible d'être forcés, en cette circonstance, de paraître nous écarter de cette maxime : *Aidons-nous les uns les autres* et d'entendre dire que notre exclusion frappe ceux qui ont le plus besoin des bienfaits de la mutualité, nous ne devons pas perdre de vue que notre Association est une Société de prévoyance, et que nous ne pouvons être ni imprudents ni injustes ; imprudents, en greffant sur notre Société si pleine de sève et d'espérance, une branche qui ne vivrait qu'à ses dépens ; injustes, en courant le risque de ne pouvoir un jour venir en aide aux Sociétaires qui, pendant de longues années, ont payé régulièrement leurs cotisations.

» En conséquence, et tout en rendant hommage à la pensée généreuse de M. Leblond, pensée qui avait rencontré tant d'écho parmi nous, mais dont la réalisation nous a paru impossible, votre Commission conclut, à son grand regret, au rejet de cette proposition. »

Les conclusions du rapport ont été adoptées à l'unanimité.

En 1886, la limite d'âge fut abaissée ainsi qu'il suit :

« L'Assemblée générale,

» Considérant que la limite d'âge fixée à 5o ans pour l'admission des Membres participants est préjudiciable aux intérêts de la Société ;

» Qu'il a été reconnu par expérience, qu'à cet âge, les maladies et incapacités de travail sont beaucoup plus fréquentes, et par suite, que les Sociétaires entrés tardivement mettent la Société en débet ;

» Que ces Sociétaires arrivent néanmoins au bout de 15 ans, à obtenir, comme les autres, leur admission à la pension de retraite ;

» Considérant en outre qu'il y a lieu d'établir un maximum d'âge encore moins élevé pour l'admission des Sociétaires femmes ;

» Sur la proposition du Conseil d'administration,

» L'Assemblée générale décide que l'admission des Membrs participants ne pourra avoir lieu :

» 1° Pour les hommes après 40 ans ;

» 2° Pour les femmes après 35 ans. »

Le minimum d'âge pour les adultes est 16 ans.

Les enfants sont admis à partir de l'âge de 6 ans.

Sous réserve de production d'un certificat médical, tout Membre sortant d'une Société approuvée, est admis sans condition d'âge ni de durée de domicile.

En cas de santé douteuse, la Société accepte ces Membres en subsistance : la Société d'origine qui a profité du concours de leur jeunesse supporte ainsi, et c'est justice, les charges occasionnées par un âge avancé ou une santé affaiblie.

§ 2. — FORME DE L'ADMISSION

Les Membres sont admis par l'Assemblée générale, mais dans l'intervalle des Assemblées, le Conseil d'administration peut autoriser les candidats à verser leur droit d'entrée et leur cotisation, sauf restitution dans le cas où l'Assemblée générale ne validerait pas l'admission.

§ 3. — CONDITIONS D'ADMISSION

Pour être admis dans la Société, il faut avoir l'âge requis, être valide, de bonne santé, de conduite régulière, d'antécédents irréprochables, et être domicilié depuis trois mois dans la commune.

Pendant les cinq premières années, les admissions étaient très faciles, par suite fort nombreuses. Mais, à partir de 1870 et jusqu'en 1881, on n'accepta que peu d'adhérents, en raison de la situation financière de la Société qui eut à souffrir de la guerre et de ses conséquences désastreuses. Les femmes surtout furent écartées impitoyablement.

Ce n'est qu'en 1881 que les admissions reprirent leur cours normal ; et encore n'acceptait-on les femmes que si le mari était lui-même Sociétaire, et les enfants que si les parents faisaient partie de la Société.

Depuis, la porte est plus largement ouverte et tout habitant de Sanvic — homme, femme ou enfant, — pourvu qu'il soit honorable et de santé satisfaisante, peut solliciter son admission avec confiance : sa demande recevra un accueil favorable.

A la réunion du Conseil d'administration du 28 février 1881, M. Duplessy s'exprimait ainsi au sujet des nouvelles admissions : « S'il est incontestablement avantageux aux ouvriers, employés, pères de familles, de se prémunir contre les chances d'infirmité ou de maladie, en entrant dans une Association qui a fait ses preuves et qui possède un beau capital de réserve, il est en même temps également avantageux à la Société de recruter de nombreux adhérents.

» Plus on est nombreux, plus on est fort. Dans le régime de la mutualité, les jeunes aident les vieux, les Membres valides soutiennent les malades et les infirmes jusqu'à ce qu'ils soient soutenus à leur tour ; aussi devons-nous nous montrer disposés à admettre de nouveaux Membres dans notre Société, et user de notre influence dans nos relations de famille, d'amitié ou de voisinage, pour faire comprendre à ceux qui nous entourent, le rôle bienfaisant de notre Association. »

En 1883, pour stimuler nos concitoyens, le Conseil d'administration fit distribuer la notice suivante dans la commune.

Société de Secours mutuels de Sanvic. — Notice.

» Les Sociétés de Secours mutuels ont pour effet de créer entre leurs Membres participants, outre les avantages pécuniaires qu'elles leurs procurent, des liens de confraternité et de dévouement dont les résultats sont de jour en jour appréciés de tous.

» C'est ainsi que l'a compris la Société de Sanvic. Ses obligations envers ses associés sont les mêmes que celles des Sociétés du même genre. Savoir :

» 1° Les soins du médecin et les médicaments en cas de maladie ;

» 2° Une indemnité de 1 fr. par jour de maladie aux Sociétaires (hommes) ;

» 3° En cas de décès, une inhumation convenable dont tous les frais sont à sa charge ;

» 4° Une pension de retraite aux Sociétaires faisant partie de la Société depuis plus de 15 années et âgés au moins de 65 ans. Cette pension est basée sur les ressources dont dispose la Société et sur le nombre des ayants droit (1).

» Bien que la Société de Sanvic ait dépensé depuis 1865, date de sa création, 91,957 fr. 13 pour indemnités de journées de maladies, service médical, frais funéraires, etc., elle possède néanmoins aujourd'hui un capital de 18,124 fr. 30. Sa situation est donc satisfaisante et offre toute sécurité aux personnes qui voudraient bien en faire partie.

» Les avantages qu'elle procure sont certes de nature à fixer l'attention de tout homme sérieux et prévoyant. Moyennant, en effet, une faible cotisation mensuelle (2),

----

(1) La pension a été fixée pour 1883 à 70 fr. pour les hommes et à 50 fr. pour les femmes.

(2) La cotisation est de 1 fr. 25 pour les hommes, 1 fr. pour les femmes, 50 centimes pour les enfants au-dessous de 16 ans. Le droit d'entrée est de 6 fr. Cette somme est versée immédiatement après l'admission, où elle peut être payée par fractions jointes à la cotisation mensuelle.

il trouve ainsi en cas de maladie pour lui et les siens, une ressource qui le met à l'abri de toute dépense, de privations et même de la gêne.

» Les soins les plus dévoués sont donnés aux malades et malgré la recommandation que la Société fait aux médecins d'agir avec la plus grande économie dans la composition de leurs ordonnances, elle leur laisse toute latitude de prescrire en cas de nécessité les remèdes les plus efficaces quelqu'en soit le prix (1).

» Il est donc à espérer que bon nombre de familles comprendront les avantages de la mutualité, et n'hésiteront pas à demander leur admission dans la *Société de Secours mutuels de Sanvic.* »

Dans le but d'éviter et au besoin pour pouvoir réprimer des abus, et afin d'obtenir une garantie efficace contre les personnes qui seraient tentées d'entrer dans la Société lorsque leur santé s'affaiblit, pour y apporter non une probabilité de bonne santé, mais une certitude de maladie, c'est-à-dire un contingent de frais onéreux à brève échéance, M. Le More fit, le 17 décembre 1891, une proposition ayant pour but de faire signer aux personnes qui demandent leur admission dans la Société une déclaration affirmant qu'elles ne sont atteintes d'aucune maladie incurable ou cachée. « Avec ce système, disait M. Le More, un Sociétaire, auquel il serait démontré, après son admission, que sa santé est mauvaise par suite d'une maladie incurable ou d'une affection cachée, pourrait être radié de la Société, sans pouvoir prétendre à aucune indemnité. Nous serions ainsi préservés, dans une certaine mesure, des maladies chroniques qui, pour notre budget, sont une charge écrasante. »

---

(1) Réunion du Conseil d'administration du 18 mars 1873 à laquelle assistait M. le Dr Babault; même recommandation a été faite, depuis, aux Docteurs qui lui ont succédé.

Cette proposition fut admise, et depuis, chaque candidat signe une déclaration par laquelle il certifie n'être atteint d'aucune maladie incurable ou cachée.

Exclusions.

Cessent de faire partie de la Société, les Membres qui n'ont pas payé leurs cotisations depuis trois mois.

Nous devons faire remarquer que cette disposition des Statuts n'est pas toujours appliquée rigoureusement, et que le Conseil d'administration accorde volontiers un sursis aux Sociétaires en retard dans leurs versements pour des causes indépendantes de leur volonté.

L'exclusion est prononcée pour condamnation infamante, préjudice causé volontairement à la Société, pour tout acte contraire à l'honneur et conduite déréglée.

La Société de Sanvic, et cela est aussi bien à l'avantage particulier de chacun de ses Membres, qu'à son honneur collectif, n'a eu à user que dans des circonstances extrêmement rares de la pénible nécessité d'exclusion pour actes contraires à l'honnêteté publique ou privée. C'est à peine si elle y a recouru deux fois depuis trente ans.

C'est certainement le meilleur éloge que l'on puisse faire de ses Membres, qui ont toujours eu à cœur de conserver intact l'honneur social.

ADMINISTRATION

La Société est administrée par un Conseil d'Aministration composé : d'un Président, d'un Vice-Président, d'un Secrétaire général, de deux Secrétaires-adjoints, d'un Trésorier, de deux Trésoriers-adjoints et de quatorze Administrateurs.

Convaincus que la stabilité est un gage de bonne administration, les Membres de la Société ont conservé les Administrateurs dans leurs fonctions pendant un laps de temps qu'il ne leur a pas été possible, le plus souvent, de prolonger.

Voici la liste des Sociétaires qui ont occupé jusqu'ici les fonctions de Président, Vice-Président, Trésorier et Secrétaire général.

Président........	MM. Léon Duplessy.....	1864-1883
	G. Le More........	1884-1894
	Edm. Boullanger...	1894
Vice-Président ...	MM. A. Duval..........	1864-1868
	G. Le More........	1868-1884
	E. Cayeux	1884-1886
	Gleyzal-Sablière ..	1886-1889
	Aimable Leblond...	1889-1890
	Edm. Boullanger ..	1890-1894
	P. Léger	1894
Trésorier	MM. F. O' Reilly.......	1864-1865
	Hiéblot...........	1865-1871
	Cayeux...........	1871-1884
	P. Léger...........	1884-1895
	G. Boivin.........	1895
Secrétaire général	MM. Aimable-Leblond ...	1864-1889
	G. Hallier	1889-1890
	Z. Gaudouin	1890

Le Conseil d'administration se réunit une fois par mois.

FONDS SOCIAL

Sagement administrée, notre Société a toujours conservé une situation financière satisfaisante, sinon prospère.

Au 31 décembre 1869, elle avait un encaisse de 11,568 fr. 45 qui, par suite de la guerre et de l'épidémie variolique de 1870, se trouva réduit au 31 décembre 1871, à 9,566 fr. 83.

Depuis, quoique ayant eu à traverser des crises sérieuses (épidémie de fièvre typhoïde, 1885, de variole, 1889, d'influenza, 1891, de choléra, 1892), la Société a vu son avoir augmenter progresssivement.

Le fonds social, au 31 décembre 1894 était de 29,963 fr. 45.

Jusqu'en 1879, la Société convertissait son boni en titres de rentes sur l'Etat ; à cette époque, elle vota la vente des titres et le placement des fonds à la caisse des dépôts et consignations.

Le capital social moyen des Sociétés mixtes de Secours mutuels était en 1890 de 22,023 fr. 77 et la part afférente à chaque Membre de 160 fr. 16.

Avec son capital de 29,963 fr. 45, la Société de Sanvic tient une place honorable parmi les Associations similaires de France ; la part afférente à chaque Membre participant adulte est de 80 fr. 76.

La moyenne de la recette par Société (1890), s'élève à 3,260 fr. 02 et par Sociétaire à 23 fr. 71. Les recettes de notre Société se sont élevées à 7,201 fr. 71, soit par Membre : 17 fr. 95.

La dépense moyenne est de 2,569 fr. 61 par Société et se trouve être de 20 fr. 23 par Sociétaire. A Sanvic, les dépenses ont été de 6,997 fr., soit par Membre : 16 fr. 74.

Boni moyen par Société (1890) : 690 fr. 41 ; par Sociétaire : 3 fr. 48. Le boni n'a été à Sanvic que de 204 fr. 71 pour la Société et de 0 fr. 51 par Sociétaire.

Depuis la fondation la recette annuelle moyenne a été de 6,539 fr. 63 ; elle ressort à 16 fr. 07 par Membre ; la dépense moyenne a été de 5,880 fr. 04 par an et de 14 fr. 45 par Sociétaire ; le boni moyen est de 659 fr. 59 et se chiffre par Membre participant à 1 fr. 62.

OBLIGATIONS

des Membres honoraires et participants envers la Société

§ 1er. — MEMBRES HONORAIRES

Jusqu'en 1881, la cotisation des Membres honoraires était de 15 fr. par an. Depuis cette époque elle est fixée à 10 fr.

La cotisation moyenne pour toutes les Sociétés approuvées est de 11 fr. 50.

Dans le département de la Seine-Inférieure, cette moyenne atteint le chiffre de 15 fr. 61.

§ 2. — MEMBRES PARTICIPANTS

1° *Cotisations.*

A la fondation de la Société la cotisation mensuelle était établie ainsi :

Adultes : hommes, 1 fr. ;

Adultes : femmes, 1 fr. pour celles qui désiraient recevoir l'indemnité journalière pendant la durée de la maladie.

La cotisation était de 0 fr. 75 si la femme ne demandait que les soins médicaux et pharmaceutiques.

En 1873, lors de la suppression de l'indemnité journalière de maladie aux femmes, la cotisation de ces Sociétaires fut ramenée à 0 fr. 75.

Les enfants paient 0 fr. 50.

Le 5 septembre 1881, le Trésorier fait ressortir que la cotisation est insuffisante pour satisfaire aux besoins grandissants de la Société, d'autant plus qu'à cette époque le nombre des Membres honoraires était considérablement restreint. C'est qu'aussi les Sociétaires avançaient en âge et devenaient évidemment plus coûteux aux finances sociales.

On projeta d'augmenter les cotisations.

Les chefs de sections furent chargés de procéder à une enquête auprès des Membres de leur circonscription respective pour faire connaître ensuite au Conseil d'administration l'accueil qui serait fait à la mesure projetée.

Les avis devaient être favorables, car l'Assemblée générale du 18 décembre 1881 fixa ainsi le taux mensuel des cotisations :

> Hommes....... 1 fr. 25
> Femmes...... 1 fr. »
> Enfants....... o fr. 5o

Depuis, la cotisation est restée à ce chiffre quoiqu'alors, cette disposition, considérée comme transitoire, ne paraissait être qu'un acheminement vers une mensualité plus élevée.

Espérons que nos recettes nous permettront de rester longtemps encore dans le *statu quo*, à cet égard.

Notre cotisation de 15 fr. par an pour les hommes, 12 fr. pour les femmes et 6 fr. pour les enfants est, pour les adultes, à peu près la moyenne de ce qui se paie dans les autres Sociétés où elle ressort à 15 fr. 58 pour les hommes, 11 fr. 78 pour les femmes ; elle n'est que de 3 fr. 48 pour les enfants.

La proportion des cotisations des Membres honoraires est en moyenne de 13,48 o/o. A Sanvic, elle est de 17,48 o/o. Celle des Membres participants, qui est, en moyenne de 86,52 o/o est, à Sanvic, de 82,52 o/o.

Les amendes qui s'élèvent en moyenne, par Membre, à o fr. 39, n'ont été, pour notre Société, en 1890, que de o fr. 13.

2° *Droit d'admission.*

Le droit d'admission est un sacrifice réclamé à tout nouveau Membre participant pour compenser ceux que se sont imposés ses aînés dans la Société et lui donner les mêmes droits qu'eux de participer aux avantages de l'association.

En 1865, le droit d'admission était de 6 fr. Les femmes, dont le recrutement était difficile à cette époque, ont été exonérées de ce versement jusqu'au 1er mars 1866.

Dans sa séance du 16 février 1868, le Conseil d'administration fut d'avis, et l'Assemblée générale sanctionna cette manière de voir, que :

« 1º Le droit d'admission doit être proportionnel au capital en caisse, par rapport au nombre des Sociétaires, déduction faite d'un tiers dudit capital, pour parer à toutes éventualités ;

» 2º Le droit d'admission doit pareillement être proportionnel à l'âge des postulants, puisque, plus ils sont âgés, plus ils sont sujets aux maladies et plus ils approchent aussi du droit à la retraite ;

» 3º Les enfants de 6 à 16 ans seront exonérés de tout droit d'admission, attendu qu'ils sont moins sujets aux maladies et qu'ils ont d'ailleurs, devant eux, un laps de temps très long avant d'avoir droit à la retraite.

» Par suite, le Conseil déclare que les droits d'admission seront ainsi fixés :

» Membres âgés de 16 à 40 ans...... 8 fr.

» Membres âgés de 40 à 50 ans...... 12 fr. »

Lorsqu'en 1886, l'âge d'admission fut abaissé à 40 ans pour les hommes et 35 ans pour les femmes, le droit d'admission fut uniformément fixé à 6 fr.

Le 6 février 1881, le Conseil décida, afin de favoriser les admissions, que le droit d'admission pourrait être converti en fractions mensuelles de 0 fr. 50 en sus de la cotisation.

Le droit d'admission, maintenu à 6 fr. pour les adultes sans distinction de sexe, ressort en moyenne, pour les Sociétés approuvées, à 4 fr. 81 pour les hommes et 3 fr. 18 pour les femmes.

3º *Stage.*

« Le stage est une sage mesure dont il ne faut se départir sous aucun prétexte : il a pour objet d'empêcher la fraude. Il pourrait arriver, si on accordait le droit aux se-cours immédiatement après l'admission, que certaines per-sonnes, sentant les approches d'une maladie périodique, ou même déjà atteintes d'un commencement de maladie, demandassent à entrer dans l'Association, non pour parti-ciper aux charges, mais bien pour en réclamer de suite les avantages.

» On comprend le préjudice que cette manière d'agir causerait infailliblement aux intérêts de la Société. »

« CONSEIL D'ADMINISTRATION (*Séance du 26 novembre 1865*). »

Le stage qui était primitivement de 2 mois est mainte-nant porté à 3 mois.

4° *Présence aux Funérailles.*

Vingt Membres participants (hommes) sont convoqués pour assister aux funérailles des Membres honoraires ou participants décédés dans la commune. Les absents paient une amende de 0 fr. 50 s'ils ne se font pas remplacer par un autre Sociétaire (homme) adulte.

Voici comment cette obligation a été envisagée à la séance du 25 octobre 1866 :

« Rien de plus moral, rien de plus fraternel et qui ne réponde mieux au principe fondamental de notre institu-tion que l'assistance aux convois de ceux de nos confrères que la mort a frappés.

» C'est un suprême devoir avec lequel un homme de cœur ne sait point transiger. C'est l'accomplissement de ce devoir qui fait le plus admirer et envier notre Société dans toutes les localités voisines. »

A la séance du 28 février 1881, M. le Président de la So-ciété entretenait le Conseil d'administration de la présence aux funérailles en ces termes :

« Ce dernier devoir que nous rendons à nos Sociétaires défunts contribue à la consolation des Membres de leur fa-mille ; il édifie beaucoup les étrangers sur le compte de notre Société. Nous devons nous considérer comme strictement obligés d'assister à une inhumation quand nous avons été convoqués, et nous faire remplacer, en cas d'empêchement. »

Ces exhortations n'ont pas suffi, car en 1884, l'amende fut portée de o fr. 5o à 1 fr. pour être ramenée, il est vrai, au premier chiffre en 1889.

Le zèle des Sociétaires s'étant à nouveau relâché en 1894, M. Edm. Boullanger, président, recommandait ainsi l'exactitude aux inhumations :

« Il est une question sur laquelle j'appelle votre attention, c'est celle qui touche aux amendes pour absences aux convocations ; le chiffre s'est élevé cette année à 109 fr. contre 23 l'année précédente. Cela indique un relâchement de votre zèle et j'espère qu'il suffit de le signaler pour que vous apportiez à l'avenir plus d'exactitude à remplir vos devoirs de Sociétaires, lorsqu'il s'agit d'accompagner nos pauvres défunts à leur dernière demeure. Il est vrai que, cette année, la mort a frappé souvent dans nos rangs et que certains d'entre vous ont été convoqués plusieurs fois, mais nous avons des règlements auxquels il faut se soumettre.

» J'espère qu'à l'avenir vous voudrez tous faire preuve de bonne volonté, en vous rendant aux convocations exigées par les Statuts. »

OBLIGATIONS DE LA SOCIÉTÉ

1º *Service médical.*

Le point capital dans une Société de Secours mutuels est certainement celui de l'organisation du service médical. Cette question est la plus importante tant au point de vue du recrutement de nouveaux Membres que de la conservation des Sociétaires. Si le service médical est bien assuré, si les malades reçoivent des soins dévoués et constants, la Société a une grande prépondérance morale sur les habitants d'une commune ; aussi cette question a-t-elle été souvent à l'ordre du jour des travaux du Conseil d'administration.

En 1865, il n'y avait pas de médecin à Sanvic.

Le Conseil d'administration désigna le 28 janvier 1865, comme médecin de la Société, M. le docteur Lafaurie, du Havre ; M. le docteur Lafaurie ne réclamait que 1 fr. 75 par visite et s'engageait en outre, à donner chaque jour, dans une salle mise à sa disposition, des consultations gratuites aux Sociétaires.

Le service des consultations quotidiennes ne dura pas ; le 9 avril 1865, après une expérience de moins de trois mois, le Conseil décidait, sur la demande du médecin, que les consultations n'auraient lieu que trois fois par semaine à Sanvic, que néanmoins les malades légèrement atteints pourraient se présenter les autres jours au cabinet du médecin, au Havre. Il restait cependant convenu, qu'en temps d'épidémie, les consultations seraient reprises comme au début.

Le prix de 1 fr. 75 par visite ne parut pas suffisamment rémunérateur au médecin qui sollicita et obtint (séance du 15 mars 1866) une tarification de 2 fr.

En 1867, les consultations gratuites étaient remplacées par des consultations rétribuées.

Afin d'éviter des abus qu'il est toujours bon de prévoir, le Sociétaire, pour se présenter à la consultation, devait se munir d'une carte délivrée par le chef de sa section.

Jusqu'au 2 décembre 1869, les Sociétaires qui, pour diverses raisons, ne se servaient pas du médecin de la Société, recevaient une indemnité quotidienne supplémentaire de 0 fr. 50. Il est évident que ce supplément ne permettait pas au malade de recevoir régulièrement les soins médicaux sans avoir à en assumer presque toute la charge. Aussi des réclamations se produisirent-elles qui eurent pour conséquence l'adoption du rapport de M. A. Lemonnier, dont nous extrayons le passage essentiel :

« La Commission a été unanime, d'abord, à reconnaître que les rapports sympathiques entre le médecin et le malade ont une importance très grande et exercent une influence marquée sur la durée de la maladie. En face de la position actuelle, le malade est obligé de s'adresser au médecin de la Société ou de voir ses intérêts gravement compromis.

» Malgré le bon vouloir de M. Lafaurie, malgré ses soins assidus, il serait difficile de l'imposer à tous les Sociétaires, d'autant moins qu'avant la formation de la Société, tous les Membres se servaient de médecins de leur choix.

» Laisser au Sociétaire liberté pleine et entière de prendre tel médecin que bon lui semble, en l'indemnisant des frais que nécessite ce médecin a été reconnu impossible.

» Nous venons vous soumettre cette proposition : maintenir M. Lafaurie comme médecin de la Société, continuer de permettre au Sociétaire de se servir du médecin de son choix en allouant audit Sociétaire une somme de 1 fr. par chaque jour de maladie, à titre de compensation.

» De cette façon la position des Sociétaires sera équilibrée. »

Les conclusions du rapport ont été votées.

En 1872, M. le docteur Albert Babault vint se fixer à Sanvic ; il fut nommé médecin de la Société avec l'assentiment, du reste, de M. le docteur Lafaurie.

M. le docteur Babault rétablit les consultations gratuites (deux par semaine) puis après expérience de quatre mois, il demanda que ses consultations fussent payées et fixait sa rétribution soit à forfait, pour 150 fr. par an, soit moyennant une rémunération de 1 fr. par consultation.

Le Conseil répondit à cette proposition par la suppression pure et simple des consultations. Il réglementa les visites et fit connaître aux Sociétaires qu'ils devaient se faire inscrire à la Mairie où l'on se chargerait de prévenir le médecin. On espérait ainsi enrayer certains abus.

Le 13 juin 1873, le Conseil, en présence de l'augmentation croissante des dépenses, proposa au docteur Babault le service par abonnement. Le médecin envoya sa démission qui fut acceptée et M. le docteur Piasecki fut nommé médecin de la Société, *à la visite*, ce qui ne s'explique guère puisque le Conseil d'administration avait voulu imposer l'abonnement au docteur Babault.

Le prix des visites était fixé à 3 fr. pour les adultes et 2 fr. pour les enfants.

Par décision du 2 septembre 1873, le Conseil d'administration, amplifiant sa délibération du 2 décembre 1869 attribuait aux Sociétaires qui s'adressaient à un autre médecin que celui de la Société : 2 fr. 50 par jour (indemnité de journée comprise) aux hommes, 1 fr. 50 aux femmes et 1 fr. aux enfants.

Le 24 janvier 1875, le Conseil, revenant sur ce vote, rétablissait les chiffres adoptés en 1869 soit 2 fr. pour les hommes, 1 fr. pour les femmes; les enfants recevaient 0 fr. 75 au lieu de 1 fr.

A cette époque, il paraît que les femmes, par esprit de contradiction est-il écrit au registre des délibérations, s'adressaient de parti pris à un médecin autre que celui de la Société. Aussi toute admission de femmes fut suspendue.

M. le docteur Le Gad remplaça M. Piasecki et lui-même céda la place à M. le docteur Gérard Laurent, médecin à Sanvic, qui est encore aujourd'hui médecin de la Société.

M. le docteur Gérard Laurent accepta le système de l'abonnement et traita pour 1,000 fr. par an. En raison de l'accroissement du nombre des Sociétaires le montant de l'abonnement fut porté, en 1882, à 1,200 fr. En 1890, le Conseil d'administration fixa ainsi qu'il suit les honoraires du médecin : base fixe de 1,200 fr. jusqu'au chiffre de 400 Membres et allocation supplémentaire de 3 fr. par Sociétaire excédant ce chiffre de 400.

Toute latitude est laissée aux Sociétaires de s'adresser au médecin de leur choix ; alors les hommes reçoivent 2 fr. par jour, les femmes 1 fr. et les enfants 0 fr. 50, avec l'obligation de solder les honoraires de leur médecin et les frais pharmaceutiques. L'allocation de 2 fr. accordée aux hommes se confond avec l'indemnité de maladie fixée à 1 fr. par jour.

Le 6 juillet 1887, le Conseil d'administration chargeait le Secrétaire de rappeler au médecin qu'il ne devait faire de visite ni donner de consultation à aucun Membre non muni d'une carte signée du Collecteur des recettes et qu'il devait s'abstenir de délivrer des remèdes de luxe dits spécialités ou remèdes de dépôt.

Avec le système de l'abonnement, toujours en usage, les Sociétaires ont la faculté de se présenter aux consultations quotidiennes du médecin.

Nous devons reconnaître que le service médical fonctionne parfaitement, à la satisfaction générale et que le zèle et le dévouement professionnels de M. le docteur Gérard Laurent ne se sont jamais démentis un seul instant.

Le quantième des malades dans la totalité des Sociétés était, en 1890, pour les hommes, de 36,67 o/o, pour les femmes de 35,13 o/o. La Société de Sanvic a été dans le courant de la même année plus éprouvée que la moyenne générale des Sociétés similaires car le chiffre des malades a atteint, pour les hommes, la proportion de 48,22 o/o, pour les femmes 57,89 o/o. Depuis la fondation, ce quantième ressort à 35,69 o/o pour les hommes et 45,46 o/o pour les femmes.

Le nombre moyen de journées de maladie qui a été de 15,72, n'a guère dépassé 10 jours par malade dans notre Société.

La dépense moyenne par Sociétaire homme malade, en 1890, a été de 40 fr. 49 ; la Société de Sanvic n'a payé que 23 fr. 54 non compris les frais funéraires.

La dépense moyenne par Sociétaire femme, s'est élevée à 33,74 ; à Sanvic, elle n'a été que de 15 fr. 27 non compris les frais funéraires.

Cette moyenne de dépense par malade, dans notre Société, en 1890, est plus faible que celle des cinq dernières années où la dépense se monte : par homme malade à 31 fr. 89, par femme à 20 fr. 15, soit pour les premiers un excédent de dépenses de 16 fr. 89 sur le montant de la cotisation et pour les secondes un excédent de 8 fr. 15.

La moyenne des frais de médecin par malade qui ressort en général à 8 fr. 94 n'est que de 5 fr. 66 à Sanvic.

2° Opérations chirurgicales.

Nous ne pouvons mieux faire pour mettre cette question en lumière que de copier textuellement, au registre des délibérations, le passage qui y a trait :

« M. le Président donne quelques renseignements sur la situation sanitaire de la Société et il regrette de voir que malgré le peu de maladies constatées, les frais pharmaceutiques restent toujours très élevés par suite de la cherté des remèdes prescrits. Il ajoute qu'en présence des prétentions exagérées des médecins, quand il s'agit d'opérations chirurgicales, il se préoccupe de la situation dans laquelle se trouverait la Société, pour le cas où l'état de santé d'un sociétaire nécessiterait une opération, et il est d'avis qu'il serait sage de régler à l'avance cette délicate question par une décision qui devrait, dans une certaine mesure, donner satisfaction aux Sociétaires tout en sauvegardant les intérêts de la Société.

» Après une discussion approfondie, le Conseil décide, à l'unanimité :

» 1° Que si un Sociétaire a une opération à subir et qu'il consente à se faire opérer à l'hospice du Havre, la Société prendra tous les frais à sa charge ;

» 2° Que dans le cas où le Sociétaire tiendrait à ce que l'opération ait lieu à son domicile, il traiterait lui-même avec le médecin de son choix et recevrait, de la Société, une indemnité dont le montant ne pourrait excéder 100 fr.

3° Traitement des affections spéciales à certains organes.

Les Sociétaires sont autorisés, quand le médecin traitant le juge nécessaire, à se faire soigner par des spécialistes pour les maladies d'yeux, d'oreilles, de larynx, etc., au compte de la Société, après en avoir avisé le Conseil d'administration.

4° Service pharmaceutique.

Le service pharmaceutique fut moins laborieux à organiser que le service médical.

La Société, à sa fondation, adopta un tarif, de concert avec l'unique pharmacien de Sanvic, en laissant cependant aux Sociétaires, la faculté de se fournir au Havre, chez les pharmaciens qui accepteraient le tarif de la Société. Tout n'alla cependant pas pour le mieux, car le 9 avril 1865, le pharmacien de Sanvic était déjà l'objet d'un rappel à l'ordre.

Les médicaments dits de dépôt furent sérieusement interdits. M. Duplessy, à la séance du 13 avril 1869, s'élevait en ces termes contre leur emploi : « La plupart de ces remèdes, se vendant fort cher, n'ont guère d'autre mérite que d'enrichir promptement ceux qui les inventent. C'est bien à tort qu'on les croirait plus efficaces que les médicaments du codex ; ils n'en diffèrent que par leur enveloppe plus ou moins dorée ou enluminée, et tout pharmacien peut en donner l'équivalent à un prix dix fois moins élevé. Aussi, depuis longtemps, toutes les Sociétés mutuelles se font-elles un devoir de proscrire sévèrement les remède de luxe. »

A la suite de ce réquisitoire, le Conseil « décide que, dorénavant, les remèdes dits de dépôt ou de luxe ne seront pas fournis aux Sociétaires, à moins que ceux-ci ne paient de leurs deniers la différence formant la plus value entre ces remèdes et les médicaments ordinaires du codex. »

Le 3 avril 1873, la Société adoptait le tarif de Bordeaux pour les fournitures de médicaments.

Le pharmacien s'écartait, à un moment donné, des conventions établies, car le 6 novembre 1887, M. G. Le More, président, lui adressait la lettre suivante :

« Monsieur,

» L'examen que j'ai fait de vos comptes de médicaments pour notre Société de Secours mutuels, me fait un devoir de vous adresser les observations suivantes :

» 1° J'y remarque la délivrance, par vous, de remèdes de dépôts, ce qui est contraire à nos règlements. Veuillez, à l'avenir, les porter au compte des Sociétaires qui les exigeront ;

» 2° Plusieurs ordonnances sont des copies. Cela peut arriver une fois, par hasard, mais le fait se renouvelle trop souvent pour qu'il puisse être admis. Il vaut mieux, même dans l'intérêt des malades, ne délivrer les remèdes que sur une nouvelle prescription du médecin ;

» 3° Suivant nos conventions, les remèdes doivent être taxés d'après le tarif de Bordeaux, et j'ai pu constater avec regret que beaucoup de vos prix s'en éloignent sensiblement. J'appelle votre attention sur ce point ;

» 4° Vos confrères du Havre indiquent le prix détaillé de chaque médicament composant les potions. Vos prédécesseurs le faisaient aussi, tandis que vous portez le prix en bloc, ce qui rend la vérification plus longue et plus difficile ;

» 5° Il était également convenu que la première ordonnance à vous présentée par un Sociétaire malade devait être accompagnée d'un bulletin délivré par le contrôleur. Je vois que dans bien des cas cette règle n'est plus observée.

» Tout en ne voulant rien épargner pour que les Sociétaires reçoivent les meilleurs soins, je dois, dans l'intérêt de la Société, veiller à ce que la plus grande économie règne dans les dépenses, c'est dans ce but que je vous adresse les observations qui précèdent.

» Je vous prie d'agréer, etc.

» *Signé :* G. LE MORE. »

En 1893, un second pharmacien s'étant installé à Sanvic et de nouvelles offres étant faites, la Société obtint un rabais de 20 o/o sur le tarif de Bordeaux avec faculté pour les Sociétaires de s'adresser à la pharmacie de leur choix.

Aujourd'hui, avec MM. Dupuis et Gattiker, le service pharmaceutique est assuré dans d'excellentes conditions à tous points de vue.

La Société fournit à ses Membres les bandages herniaires et les bas spéciaux servant à protéger les veines varices, plaies et toutes autres infirmités analogues (décision du 21 avril 1889).

Les bains et massages sont également payés par la Société dès qu'ils sont prescrits par le médecin.

En 1867 et 1868, la Société acheta trois baignoires pour être mises à la disposition des Sociétaires, mais depuis plusieurs années, les Membres de la Société qui doivent recourir aux bains se présentent avec l'ordonnance du médecin (dûment visée par le Président) à un établissement spécial où ils sont traités.

La moyenne générale des frais pharmaceutiques par malade était, en 1890, de 11 fr. 84. Dans notre Société elle s'est élevée à 7 fr. 64.

5° *Indemnité de maladie*

L'indemnité en argent accordée aux malades a toujours été de 1 fr. par jour de maladie. Jusqu'en 1873, les femmes qui payaient 1 fr. de cotisation mensuelle y avaient droit. En principe, cette indemnité était due pour trois mois, mais avec faculté pour le Conseil d'administration d'accorder une prolongation.

Le 4 février 1866, le Conseil décida que d'une façon générale le secours serait payé pendant six mois, et qu'à l'expiration de cette période, l'indemnité, réduite à o fr. 5o, continuerait à être servie pendant trois mois supplémentaires. Il était en outre convenu que le secours ne serait pas mandaté pour le dimanche et les jours fériés, sauf pour le cas où un Sociétaire tombant malade le jeudi se rétablirait après quatre jours de maladie : dans cette circonstance, le dimanche serait compté comme quatrième jour de maladie afin de pouvoir toucher une indemnité, car une maladie de trois jours n'y donne pas droit.

La question de l'indemnité aux femmes, qui, nous allons le voir, se terminera par la suppression complète et probablement définitive, fut agitée au sein du Conseil d'administration, dès le 25 octobre 1866 : On se préoccupa de « la fixation du jour où doit commencer l'indemnité accordée aux femmes. » L'avis du Conseil a été que « les Sociétaires femmes qui voudront désormais avoir droit à l'indemnité, devront dès le jour même où la maladie prendra un caractère d'intensité *ne leur permettant plus de vaquer à leurs occupations*, en faire prévenir le Président ou leur Chef de de section » et il est arrêté que ladite indemnité ne leur sera comptée qu'à dater du jour de cette déclaration.

La question préoccupa encore, à diverses reprises, le Conseil d'administration : elle avait en effet une influence considérable sur la situation financière de la Société.

Le 20 février 1868, « M. le Président expose qu'il remarque depuis quelque temps, de la part des Sociétaires, une tendance à se faire délivrer des mandats pour la plus légère indisposition, — et il ajoute qu'il est porté à craindre de voir des abus se glisser dans ce genre d'avantages que la Société procure à ses Membres.

» Le Conseil partage aussi cette crainte et, pour éviter toute espèce d'abus, recommande instamment à MM. les Chefs de section de ne délivrer de mandats d'indemnité aux malades qu'autant qu'ils se seront assurés par eux-mêmes qu'il y a réellement maladie sérieuse et occasionnant surtout une incapacité de travail.

» L'indemnité ne doit être régulièrement accordée à un Sociétaire que lorsque la maladie l'oblige à garder le lit ou le met dans l'impossibilité absolue de se livrer à ses occupations habituelles ni à aucun travail lucratif.

» Les femmes Sociétaires qui vaquent — quoique malades, — aux soins de leur ménage n'ont pas droit à l'indemnité.

» Une trop grande facilité dans la délivrance des mandats et surtout le défaut de contrôle pourraient devenir une cause de ruine pour la Société. »

Au sujet de l'indemnité allouée aux femmes, M. Duplessy faisait l'exposé suivant au Conseil d'administration, le 16 février 1869 :

« La dépense occasionnée par la maladie menace l'avenir de la Société. Elle dépasse non-seulement toutes les prévisions, mais aussi toutes les données qui ont servi de bases à la création des Sociétés mutuelles. Les hommes, — dont le nombre est de 380 — ont reçu 805 journées d'indemnité, tandis que les femmes, — qui ne sont qu'au nombre de 368, — ont reçu 1,017 journées. Aussi j'espère que vous voudrez bien vous joindre à moi pour chercher les moyens de remédier à cet état de choses, et d'arrêter les abus qui se produisent, tout en sauvegardant et en prenant en considération les droits du Sociétaire. La cause principale de cette dépense, celle qui, je pense, laisse le plus de prise aux abus, vient de l'indemnité accordée au Sociétaire malade.

» Comme vous le savez, cette indemnité n'est accordée que pour compenser l'associé de la perte d'un travail rétribué, pour diminuer, en un mot, le déficit qu'occasionne le manque d'un salaire qui devait le nourrir lui et sa famille. Chez les hommes qui, presque toujours, travaillent au dehors, la délimitation du droit à cette indemnité est bien tranchée. Un ouvrier ne resterait pas chez lui et ne perdrait pas une journée de 3 à 4 fr. pour recevoir un franc par jour. Les jours où le Chef de section trouve le Sociétaire resté au logis, il ne peut donc, à moins de circonstances exceptionnelles, hésiter à lui accorder son mandat d'indemnité.

» Mais il en est tout autrement chez les femmes ; la majeure partie de celles-ci ne s'occupant que des soins du ménage, l'attention du Chef de section doit être plus vigilante. On comprend facilement son embarras quand il se trouve en face de la réclamation d'une Sociétaire qui lui demande un mandat d'indemnité pour plusieurs jours de maladie.

» Dans ce cas, il doit poser à ladite Sociétaire les questions suivantes :

» *Avez-vous perdu un salaire?*

» *Avez-vous été obligée de payer quelqu'un pour vous remplacer dans votre ménage?*

» Tout et autant qu'il a la conviction qu'on ne peut répondre affirmativement à l'une de ces questions, il n'y a point de mandat à délivrer. »

Le Conseil se range à l'avis de M. le Président et prend les mesures utiles pour appliquer d'urgence ces prescriptions.

Après avoir résisté à bien des assauts, l'indemnité accordée aux femmes fut supprimée à partir du 1er mai 1873 ; la cotisation de ces Sociétaires fut ramenée de 1 fr. à 0 fr. 75.

La Commission nommée pour examiner cette importante question faisait remarquer au Conseil d'administration le 3 avril 1873 (rapport de M. A. Le Bertois) « qu'il est reconnu que les femmes Sociétaires seules entraîneraient la Société dans une véritable ruine s'il n'y était porté remède.

» Comme vous le savez, continuait le Rapporteur, plusieurs propositions ont été faites dans ce but. Elles ont apporté une amélioration, il est vrai, mais ce n'est pas suffisant, et votre Commission, à l'unanimité, vous propose de décider que dorénavant les Sociétaires femmes ne paieront que o fr. 75 de cotisation par mois, mais que, dans aucun cas, elles n'auront droit à l'indemnité.

» La Commission reconnaît qu'une telle décision sera dure et rigoureuse, mais elle considère qu'elle est indispensable à la prospérité de la Société. »

L'indemnité pour les hommes est restée au même taux qu'à la fondation de la Société, soit 1 fr. par jour pendant trois moins (la décision portant la durée du secours à six mois fut vite abrogée) avec faculté pour le Conseil d'administration de la continuer après ce délai, de la réduire ou de la supprimer suivant l'état de la caisse.

En principe, une prolongation est toujours accordée.

L'indemnité de maladie payée à chaque malade, en 1890, a été en moyenne de 18 fr. 69; pour la Société de Sanvic cette dépense s'est élevée à 14 fr. 43.

6° *Funérailles.*

Lors de la fondation de la Société, la fabrique de l'Eglise consentit, en faveur de notre Association, une réduction de 40 0/0 sur son tarif ce qui mettait le prix de chaque inhumation (4° classe sur 7) à 40 fr. Le cercueil coûtait, en plus, 14 fr.

Une somme égale au montant des dépenses nécessitées par une inhumation de Sociétaire catholique était allouée aux familles des Membres n'appartenant pas à ce culte.

Depuis que la Fabrique a passé un traité avec l'Administration des Pompes funèbres du Havre (1879) le prix des funérailles de chaque Sociétaire décédé s'élève à 68 fr.

La Société possède un drap spécial pour le convoi de ses Membres.

En aucun cas, la famille ne peut être admise à demander la réduction des frais d'inhumation pour profiter de la différence. D'autre part les familles qui désirent plus de luxe que n'en comportent les conventions sociales doivent parfaire la différence directement aux Pompes funèbres. Il est rationnel que la participation de la Société ne doive changer en aucune circonstance.

La moyenne des frais funéraires par Société était, en 1890, de 132 fr. 24 ; la Société de Sanvic a dépensé dans le cours de cette même année 659 fr. 70 ; la moyenne des frais par Sociétaire décédé est de 68 fr. 31, somme à peu près égale à celle que nous payons aux Pompes funèbres.

La dépense des inhumations coûte à chaque Sociétaire 1 fr. 41 ; à Sanvic ce chiffre ressort à 1 fr. 58.

La proportion des décès a été de 1,59 o/o en 1890 ; notre contingent de mortalité s'est élevé à 2,49 o/o. Depuis la fondation de la Société le chiffre moyen des décès de nos Sociétaires ressort à 1,71 o/o.

7° *Sociétaires hors commune.*

Un certain nombre de Sociétaires ayant dû ou étant sur le point de quitter la commune, le Conseil d'administration, après examen de leur situation vis-à-vis de la Société décida, le 9 août 1866 :

« 1° Que les Membres participants qui quitteront la commune seront maintenus, sur leur demande, dans la Société pourvu qu'ils continuent à payer exactement leurs cotisations, qui devront être envoyées franco à leur dernier chef de section ;

» 2° Qu'ils recevront par jour de maladie une somme fixe qui leur tiendra lieu de l'indemnité de 1 fr. par jour, ainsi que des frais de médecin et de pharmacien, auxquels ils pourvoiront à leur propre compte ;

» 3° Que la somme allouée par chaque jour de maladie sera :

» De 2 fr. 50 pour le Sociétaire payant 1 fr. de cotisation mensuelle ;

» De 1 fr. 50 pour le Sociétaire payant 0 fr. 75 de cotisation mensuelle ;

» De 1 fr. pour le Sociétaire payant o fr. 5o de cotisation mensuelle ;

» 4° Que les mandats des sommes dues pour lesdites allocations seront payés par le Trésorier de la Société pourvu qu'ils soient visés par le médecin qui aura soigné le Sociétaire et par une personne honorablement connue de l'endroit (Maire, Adjoint, Conseiller municipal, etc.) ;

» 5° Que tous les autres privilèges et avantages accordés par la Société à ses Membres et notamment le droit à la pension de retraite, sont indistinctement maintenus en faveur de tout Sociétaire qu'il ait ou non cessé de résider dans la commune ;

» 6° Que toutefois les Sociétaires habitant Le Havre pourront, s'ils le préfèrent, continuer à s'adresser au médecin et au pharmacien de la Société, et que, dans ce cas, rien n'étant changé à leurs rapports avec la Société, ils auront droit aux mêmes avantages qu'auparavant. »

Ces décisions étaient complétées le 25 octobre 1866 par l'obligation, pour les Sociétaires hors commune, « de s'adresser par lettre à M. le Président, dès le début de leur maladie « pour lui annoncer qu'ils ne peuvent continuer leur travail », et il était spécifié « que c'est seulement à partir de ce jour-là que l'indemnité leur sera comptée. »

Lors de la suppression de l'indemnité aux femmes, la somme allouée à ces Sociétaires se trouva ramenée uniformément à 1 fr. 5o.

Le 24 janvier 1875 l'indemnité est réduite à 2 fr. pour les hommes, 1 fr. pour les femmes et o fr. 75 pour les enfants.

Les 2 mai 1878 et 5 février 1885, le Conseil trouve que les Sociétaires hors commune échappent à tout contrôle sérieux et émet l'avis qu'il y a lieu d'user de rigueur si des abus se commettent.

Aujourd'hui, ces Sociétaires ne reçoivent, en cas de maladie, que l'indemnité représentative des soins médicaux et des médicaments, soit 1 fr. pour les adultes et o fr. 50 pour les enfants.

Au reste, cette catégorie de Membres tend à disparaître ; la Société respecte les situations acquises, mais tous les Sociétaires qui cessent de résider à Sanvic, sont expressément invités à demander leur admission dans une Société similaire du lieu de leur nouveau domicile.

8° Sociétaires, Membres de plusieurs Sociétés.

La situation des personnes faisant partie de plusieurs Sociétés a été établie, ainsi qu'il suit, par le Conseil d'administration dans sa séance du 9 juillet 1872 :

« Voici, est-il dit, l'abus qui pourrait se produire parfois et qui aurait pour conséquence de dénaturer complètement le caractère et le but moral de la mutualité, et d'en faire une spéculation ; on pourrait se faire recevoir Membre de diverses Sociétés de prévoyance et de Secours mutuels, lesquelles, en cas de maladie, donneraient droit à des secours en nature ou en argent à volonté. Une fois admis, il n'y aurait plus qu'à se faire porter malade et l'on arriverait ainsi à recevoir de ces diverses Sociétés, 5 à 6 fr. d'indemnité par jour.

» Le Conseil, pour éviter tout abus, décide que l'article additionnel suivant, sera ajouté aux Statuts :

« Les Sociétaires qui feront partie de plusieurs Sociétés,
» n'auront droit qu'aux soins du médecin et aux médica-
» ments, ou à l'allocation de 1 fr. par jour, à leur choix. »

Cette disposition est encore en vigueur. Les enfants dont il n'est pas parlé, reçoivent, dans ce cas, o fr. 50 par jour.

9° Mesures préventives. — Vaccinations.

Au début des épidémies varioliques, la Société a toujours pris à sa charge les frais de revaccination de ses Membres, aussi les Statuts prévoient-ils la suppression des secours aux Sociétaires atteints par la variole s'ils ne justifient qu'ils ont été vaccinés.

10° *Secours aux Membres infirmes et incurables.*

Avant l'âge fixé pour la retraite, la Société accorde un secours à ceux de ses Membres devenus infirmes ou atteints d'affections incurables ; actuellement, deux hommes reçoivent chacun une allocation annuelle de 25 fr. Les secours de cette nature ressortent en moyenne, pour la généralité des Sociétés, à 77 fr. 90 pour les hommes et 112 fr. 80 pour les femmes.

11° *Secours pour cause d'indigence.*

Une demande de secours, basée sur une situation précaire, fut présentée en 1868 par un Sociétaire. Le Conseil, se basant sur les articles des Statuts, ne put que déplorer la malheureuse situation du pétitionnaire, et manifester ses regrets d'être dans l'impossibilité de lui venir en aide.

12° *Sociétaires blessés au travail.*

Le Conseil d'administration, saisi de la question des Sociétaires victimes des accidents du travail, chargea une Commission d'étudier cette affaire. Le rapport de la Commission, présenté à l'Assemblée générale du 26 février 1891, reçut un accueil unanimement favorable de la part des Membres présents.

Nous le reproduisons *in-extenso :*

« Messieurs,

» La Commission que vous avez nommée pour étudier le rôle et la responsabilité de la Société de Secours mutuels dans les accidents du travail, s'est réunie le 16 courant, sous la présidence de M. P. Colombel, et m'a fait l'honneur de me nommer rapporteur de ses travaux.

» L'étude de cette question très complexe, et que nous n'avons pas la prétention d'avoir pu résoudre d'une façon formelle, a été amenée par la crainte de voir, avec les assurances si répandues aujourd'hui sur les accidents, certains abus se produire et donner lieu à une spéculation peu probable, mais pourtant possible, et dont le résultat tournerait complètement le but essentiellement humanitaire des Sociétés de Secours mutuels.

» Votre Commission, Messieurs, s'est livrée à un examen consciencieux des différents problèmes que ses Membres ont soulevés, et, en les résolvant, s'est inspirée de l'intérêt supérieur de la Société, tout en sauvegardant les droits acquis des Sociétaires.

» Il est bien entendu qu'il s'agit seulement des accidents du travail et non de la question des maladies qui n'est pas en cause.

» Les diverses questions peuvent se ramener aux points suivants :

» 1° *Quel est le devoir de la Société vis-à-vis de ses Membres blessés au travail et couverts soit par une assurance, soit par un patron responsable ?*

» 2° *Quel est son rôle si le patron n'est pas solvable ou s'il refuse les secours prévus par la Loi et met le Sociétaire dans la nécessité de le poursuivre judiciairement ?*

» 3° *Si la Société accorde un secours, quelle en sera la durée ?*

» 4° *Quelle doit être son attitude envers les Sociétaires restés infirmes à la suite de leurs blessures ?*

» Voici la conclusion de l'examen de ces questions :

» 1° Votre Commission a pensé, Messieurs, que, quoique recevant une allocation journalière de la part d'une assurance, souvent payée par lui en grande partie, ou d'un patron responsable, le travailleur blessé avait droit, comme Membre de la Société, à un secours quelconque. Nous avons cru que notre Association fraternelle ne pouvait se désintéresser d'un des siens, d'un Membre qui apporte son obole mensuelle pour assurer le succès de l'œuvre commune,

» Aussi nous vous proposons de vouloir bien décider que, désormais, tout Sociétaire blessé et couvert soit par une assurance, soit par un patron, recevra, à son choix, une indemnité de un franc par jour, ou les soins du médecin et du pharmacien de la Société. Nous les assimilons, et c'est justice, aux Membres faisant partie de plusieurs Sociétés de Secours mutuels (art. 25 des Statuts).

» Dans certains cas qui se sont produits jusqu'ici, le Conseil d'administration, guidé par son tout dévoué Président, a pris les décisions en rapport avec les circonstances des accidents survenus. Aujourd'hui, la question sera tranchée, si vous adoptez notre manière de voir, chacun saura à quoi s'en tenir et pourra revendiquer ses droits, sans toutefois pouvoir même chercher à les outrepasser ;

» 2° Si le Sociétaire est au compte d'un patron insolvable, nous croyons que la Société ne peut laisser un de ses Membres privé des soins nécessaires, par le fait de cette insolvabilité : le Sociétaire serait alors assimilé aux malades et aurait absolument les mêmes droits.

» Si le patron se refusait à régler amiablement le dommage causé à son ouvrier, nous sommes partisans d'assurer au Sociétaire les mêmes avantages que ci-dessus, en stipulant cette réserve : que le Sociétaire remboursera la dépense faite par la Société en plus de l'indemnité à laquelle il aurait droit, comme il est dit à la première question, si à la suite d'un procès en dommages-intérêts, intenté à son patron, il recevait un secours en argent équivalent à ceux fournis par une assurance.

» Nous avons été d'avis qu'il fallait d'abord, avant toute autre préoccupation, secourir le Sociétaire, sans escompter les chances d'une action judiciaire, dont l'issue se fait toujours longtemps attendre, quitte à lui réclamer, lorsqu'il aura été payé, le montant de la dépense supplémentaire consentie par la Société, dans l'intérêt personnel de son co-associé.

» En cas de décès, la Société aurait à sa charge les frais d'inhumation, s'ils n'étaient pas garantis par les personnes ou les assurances responsables.

» Nous traitons la question au point de vue des responsabilités qui couvrent le Sociétaire blessé au travail ; mais il est bien évident qu'un Membre blessé d'une façon toute fortuite, soit chez lui, soit ailleurs, en dehors de ses occupations, jouira de tous les avantages de la Société ;

» 3° La durée du secours serait de trois mois, conformément à l'article 25 des Statuts, lequel vise uniquement les maladies, mais que nous vous proposons d'étendre aux accidents ;

» 4° En cas d'infirmités, résultant d'accidents, et quoique l'assurance accorde habituellement à la victime une somme fixe et unique, se montant ordinairement à trois cents fois le salaire quotidien, la Société accorderait, aux Membres participants, un secours déterminé, chaque année, par le Conseil d'administration, selon les ressources de la Caisse, et prélevé sur les fonds de réserve (art. 32 des Statuts).

» C'est un secours souvent bien faible (25 fr. par an), mais qui permet, néanmoins, aux incurables, de payer leurs cotisations et de bénéficier des visites médicales et des médicaments. Cette indemnité, votre Commission a cru devoir l'étendre aux invalides du travail, pour pouvoir les conserver au sein de la Société et leur donner les soins indispensables, soins non obligatoires, mais que doit octroyer une Association qui a pour devise : *Aidons-nous les uns les autres.*

» Telles sont, Messieurs, les propositions que nous soumettons à votre appréciation.

» Votre Commission s'est inspirée des intérêts de la Société, tout en s'efforçant de secourir efficacement ses

Membres éprouvés. Ce faisant, nous avons sauvegardé, nous en sommes persuadés, tous les droits acquis, sans compromettre, en aucune façon notre équilibre budgétaire. Aussi nous espérons que vous ratifierez nos décisions, dictées par un sentiment de justice et de philanthropie.

» Sanvic, le 16 février 1891.

» *Le Rapporteur,*

» Z. GAUDOUIN.

13° *Visite des Malades.*

Le 8 avril 1886, M. G. Lemore s'exprimait ainsi au sujet de la visite des malades :

« Il faudrait organiser une surveillance de nos malades. Dans l'état actuel, cette surveillance est nulle : nous n'avons absolument aucun contrôle. Il est cependant fait mention, dans l'article 28 de nos Statuts, de la visite des malades.

» Actuellement qui se charge de les visiter ?

» Lequel d'entre nous va s'enquérir de leur situation, voir comment ils sont traités et soignés ?

» Absolument personne.

» Il serait bon, cependant, de ne pas s'en rapporter uniquement à leur déclaration. Il se pourrait qu'il y eût du gaspillage dans la partie la plus importante de nos dépenses, celle qui a rapport aux indemnités de maladie et aux frais de médicaments. C'est pourquoi il est absolument nécessaire et urgent d'établir des moyens de contrôle. C'est une question qui s'impose à la sagesse et à l'attention des Membres du Conseil d'administration, sous peine de ne pouvoir plus, dans un avenir très rapproché, équilibrer nos recettes et nos dépenses. »

Semblable proposition fut faite, puis retirée à l'Assemblée générale du 22 mai 1890.

Qu'il nous soit permis de dire ici que M. Le More exagérait, et de beaucoup, le défaut de visites aux malades : le Collecteur des recettes est chargé de les voir chaque semaine et de s'enquérir de leurs besoins. M. Le More, lui-même, n'allait-il pas chaque dimanche voir tous les malades, par n'importe quel temps et quel que soit le genre de maladie ? C'était pour lui un véritable sacerdoce, qu'il remplissait avec une abnégation que l'éloge ne pourrait qu'amoindrir.

M. Balière, maire de Sanvic, en retraçant sur la tombe de M. Le More le dévouement de l'ancien Président de notre Société, disait avec raison : « ..... Hélas ! ce dévouement lui a été fatal. Sans se soucier de sa propre santé, apprenait-il qu'un de ses Sociétaires fût malade, quelle que soit sa situation, il considérait comme un devoir strict d'aller l'assurer de son dévouement et de sa sympathie. Il oubliait que, souffrant lui-même, il eût dû se ménager un peu, mais c'était un vaillant, un philanthrope et un humain dans la large acception du mot.

« On peut dire de lui qu'il est mort au champ d'honneur. »

La visite des malades, on le constatera par cet extrait, était faite régulièrement et parfaitement.

14° Retraites.

Les Statuts élaborés en 1864 prévoyaient déjà la possibilité d'assurer aux Sociétaire âgés une pension de retraite : on avait même fixé à 60 ans l'âge auquel elle pourrait être accordée. Comme on admettait alors des Membres âgés de 50 ans, il suffisait de dix ans de sociétariat pour être susceptible de revendiquer le droit à une pension !

Malheureusement, le Conseil d'administration n'a pas versé annuellement, comme il le fait maintenant, une certaine somme à la caisse spéciale des retraites, de sorte que nous sommes obligés, — et encore pour longtemps, — de servir nos pensions sur les fonds disponibles.

En ce qui concerne l'âge et la durée de présence dans la Société, pour être admis à faire valoir ses droits à la retraite, les limites primitivement fixées ont été reculées. On s'est bien vite aperçu que les finances sociales n'auraient pu résister longtemps au paiement de pensions si rapidement acquises.

L'âge de la retraite est fixé à 65 ans, avec un minimum de 25 années de sociétariat.

C'est en 1881 que nous avons servi nos premières pensions. Le Conseil d'administration eut à s'occuper de ces deux questions :

Quel sera le taux de la pension ?

Comment la servira-t-on ?

Pour les hommes, la pension fut fixée à 100 fr., et à 50 fr. pour les femmes, « attendu qu'elles paient une cotisation moindre, qu'elles sont plus souvent malades et, par suite, plus onéreuses à la Société. »

Le Conseil décida en outre (séance du 4 avril 1881) qu'il n'y avait pas lieu de recourir à la caisse des retraites pour servir les pensions aux ayants droit, mais que la Société assurerait elle-même le service sur ses propres fonds.

« Le Conseil spécifie, en outre, pour donner garantie et sécurité aux titulaires desdites pensions, qu'il leur est accordé une sorte d'hypothèque sur la caisse sociale, et que si, par suite de circonstances imprévues, la réserve de la Société se trouvait réduite à moins de 10,000 fr., le Trésorier devrait prélever aussitôt une somme suffisante pour garantir l'intégralité des pensions concédées et en faire le dépôt à la caisse des retraites. »

Le taux de la pension — 100 fr. pour les hommes — était très onéreux, et en continuant à servir cette retraite, les fonds de réserve n'y auraient pas suffi longtemps. Dans un rapport présenté le 17 décembre 1882, M. Brasse faisait remarquer que : « Les Sociétés de Secours mutuels ne sont pas des Sociétés d'assurance, mais de prévoyance, et que la retraite ne peut être accordée que si les ressources de la Société le permettent. »

» A la fondation de la Société on avait cru pouvoir arriver, dit M. le Rapporteur, à l'aide des excédents de recettes, à réaliser, au bout de quinze années, un capital suffisamment élevé pour permettre de donner une retraite convenable aux Sociétaires qui y auraient droit. Cette espérance a été déçue. »

Le rapport constate que peu de Sociétés font des retraites et que le taux moyen dépasse rarement 70 fr.

A la suite de cet exposé, les retraites sont fixées pour l'année 1883 (car il était spécifié au rapport que la quotité de la pension serait fixée chaque année en prenant pour base la somme disponible au compte du dernier exercice) à 70 fr. pour les hommes et 5o fr. pour les femmes.

Cette diminution n'était pas définitive : le 27 janvier 1884, le montant de la retraite est fixé indistinctement à 5o fr. pour les Sociétaires des deux sexes.

Depuis, ce chiffre n'a pas varié.

Les retraités ont droit aux secours médicaux et pharmaceutiques, mais non à l'indemnité en argent.

Ils continuent à payer leurs cotisations.

Les retraités hors commune reçoivent l'intégralité de leur pension, mais comme ils ne sont plus assujettis au paiement des cotisations, ils ne peuvent revendiquer aucun des autres avantages que la Société accorde à ses Membres.

La pension moyenne des retraités est de 72 fr. 04 ; elle est donc quelque peu supérieure à celle que nous accordons.

En France, sur 6,674 sociétés approuvées, 3,745 seulement accordent une pension : 1,225 font une retraite inférieure à 5o fr., 5o8 donnent 5o fr., et 2,012 servent une pension supérieure à ce chiffre (année 1890).

La proportion des Sociétés possédant un fonds de retraites est de 55,09 o/o.

Le quantième des Sociétés qui ont opéré un versement en 1890 à la Caisse des Retraites est de 42 o/o ; le versement moyen ressort à 1,732 fr. et la subvention moyenne de l'Etat par Société est de 576 fr. ; nous avons encaissé en 1890 une subvention de 720 fr. ; car depuis 1887 le Conseil d'administration reconnaissant les avantages de la Caisse des Retraites y effectue un versement de 1,000 fr. en fin d'exercice quand le boni est suffisant pour permettre ce prélèvement.

La proportion des décès des retraités était de 8,15 o/o en 1890. A Sanvic, le quantième des retraités décédés s'est élevé à 10 o/o.

Le nombre de nos retraités est actuellement de 34, occasionnant, sur les fonds libres (nous laissons capitaliser nos intérêts à la Caisse des Retraites jusqu'à ce que le fonds soit assez important pour payer le montant des pensions) une dépense de 1,700 fr. par an.

Nous avons, jusqu'à ce jour, servi une pension de retraite à 62 Sociétaires.

QUESTIONS DIVERSES

Recouvrement des cotisations.

Le recouvrement des cotisations a été, pendant une vingtaine d'années, effectué par des Sociétaires qui avaient le titre de *Chefs de section*. La commune était divisée en un nombre variable de sections, suivant le chiffre des Membres de la Société.

Les chefs de section avaient des attributions passablement étendues et pour bien remplir cette fonction, il fallait y apporter beaucoup de zèle et un dévouement constant.

Voici quelles étaient ces attributions :

« 1° Les Chefs de section sont les délégués du Conseil d'administration, qui leur confie la mission de faire exécuter les obligations imposées par les Statuts et Règlements de la Société ;

» 2° Ils servent d'intermédiaires entre les Membres de leurs sections et le Conseil d'administration, qui les admet aux Réunions mensuelles, où ils rendent compte de la situation des Sociétaires malades et de la manière dont fonctionnent, dans leurs sections respectives, les services médicaux, pharmaceutiques et autres ;

» 3° Les Chefs de section doivent passer régulièrement, dans la *deuxième quinzaine de chaque mois*, chez les Sociétaires, pour encaisser leurs cotisations. Ils encaisseront en même temps, quand il y aura lieu, les amendes et les droits d'admission. Ils ne doivent pas oublier (art. 39 des Statuts) que les amendes sont exigibles avant les cotisations ;

» 4° Il leur est recommandé de tenir constamment *à jour* leur livre de recettes, et de le déposer, à la fin de chaque trimestre, au siège de la Société pour qu'il soit soumis à l'examen de la Commission de vérification, dont la réunion a lieu dans les premiers jours des mois d'avril, juillet, octobre et janvier de chaque année ;

» 5° Les Chefs de section doivent verser avec exactitude, *tous les mois,* le montant des cotisations qu'ils ont perçues, entre les mains du Collecteur, qui se tient à leur disposition chaque dimanche, de 9 à 10 heures du matin, dans une des salles de la Mairie ;

» 6° Ils ne doivent pas oublier que le Sociétaire en retard de trois mois dans le paiement de sa cotisation n'a droit à un secours que *quinze jours après s'être entièrement acquitté* (art. 19 des Statuts) ;

» 7° Ils sont priés de rappeler aux Membres de leurs sections qu'il est *absolument interdit* à tout Sociétaire, — sauf dans les cas graves et urgents, — de demander la visite du médecin ou de se présenter à son cabinet de consultation, sans *être pourvu d'une carte* délivrée et signée par le Chef de section ;

» 8° Avant de délivrer cette carte, le Chef de section devra s'assurer que ledit Sociétaire a accompli ses trois mois de stage, s'il est nouvellement admis ; ou bien qu'il n'a pas un retard de trois mois dans le paiement de sa cotisation ; car, dans ces cas, il faudrait *s'abstenir de la délivrer ;*

» 9° Dès le début de la maladie, le Chef de section doit donner à chaque Sociétaire malade une feuille de visite et des imprimés sur lesquels le médecin écrira ses ordonnances ;

» 10° Il est accordé aux Sociétaires hommes, une indemnité en argent fixée à 1 fr. par jour de maladie. L'indemnité est portée à 2 fr. par jour par tout Sociétaire homme qui se fait soigner par un autre médecin que celui de la Société. Mais ce Sociétaire est tenu d'en aviser préalablement le Président et son Chef de section, et de prendre à sa charge les honoraires de son médecin et les frais pharmaceutiques ;

» 11° Les mandats d'indemnité aux malades sont délivrés et signés par le Chef de section tous les huit jours, en observant que les dimanches et jour fériés ne donnent pas lieu à l'indemnité, et qu'il en est de même pour une indisposition de moins de quatre jours ;

» 12° Ces mandats seront apportés par les intéressés au Secrétaire, qui après les avoir soumis au *visa* du Président, les transmettra au Collecteur en temps utile pour que le montant en soit tenu par lui à la disposition des destinataires le dimanche suivant ;

» 13° L'indemnité en argent n'est pas due aux Sociétaires femmes ; toutefois celles qui réclameraient les soins d'un médecin autre que celui de la Société, auront droit à une indemnité de 1 fr. par jour de maladie, mais les frais de médecin et de pharmacien seront à leur charge ;

» 14° Quand la maladie d'un Sociétaire aura duré trois mois, le Chef de section ne devra plus lui délivrer de mandat avant d'en avoir référé au Conseil d'administration, qui décidera, conformément à l'art. 16 des Statuts, si l'indemnité doit être continuée ou supprimée ;

» 15° Les Chefs de section zélés et vigilants contribuent à la prospérité de la Société et acquièrent des titres à la reconnaissance de leurs co-associés. Il est fait appel à leur zèle pour le recrutement de nouveaux Membres participants. Qu'ils veuillent bien faire connaître les avantages de la mutualité aux personnes avec lesquelles ils se trouvent en rapport, afin d'amener à notre Société un grand nombre d'adhérents. Plus elle sera nombreuse, plus elle aura de ressources pour étendre ses bienfaits et satisfaire dans une large mesure à toutes ses obligations.»

Quelques négligences se produisirent, car le 28 octobre 1869, le Conseil « institue une Commission pour la vérification des recettes de la Société. Les Membres, au nombre de cinq, auront pour mission de surveiller la rentrée des fonds, de rappeler à l'ordre les Chefs de section ou les Sociétaires en retard. »

Pendant la guerre (1870-71), le recouvrement des recettes ne put, pour des causes multiples, s'effectuer régulièrement ; aussi, en 1871, on dut nommer une Commission qui devait se réunir chaque dimanche et était chargée « d'examiner toutes les demandes et réclamations faites par les Sociétaires, de viser les mandats d'indemnité et de mettre les Sociétaires en retard dans le paiement de leurs cotisations, en demeure de satisfaire à leurs engagements dans un délai déterminé. »

Pour faciliter la tâche des Chefs de section et leur venir en aide dans le recouvrement des cotisations et la visite des malades, le Conseil vota, le 20 février 1874, la création d'un emploi de Collecteur des recettes, « agent dont la mission sera de veiller aux intérêts généraux de la Société et de servir à la fois d'intermédiaire entre les Chefs de section et le Trésorier, de même qu'entre les Sociétaires et le Conseil d'administration. »

Un groupe de Sociétaires protesta par voie de pétition contre l'emploi rétribué de Collecteur de recettes.

Le Conseil répondit : « Que les promoteurs veuillent bien mettre en avant le nom d'une personne honorable qui consente à se charger gratis : 1º d'être tous les dimanches de 8 heures et demie à 10 heures à la Mairie à la disposition des Chefs de section pour encaisser les cotisations, vérifier, émarger les registres et prendre note des observations ; 2º de payer les mandats d'indemnités dues aux Sociétaires ; 3º de remplacer les Chefs de sections malades ou décédés dans l'année, en allant à domicile recueillir les cotisations des Sociétaires composant lesdites sections ; 4º d'encaisser chaque année les cotisations des Membres honoraires. »

Inutile de dire que l'on ne trouva pas ce Sociétaire capable, zélé et désintéressé ; les choses restèrent donc en l'état.

Les Chefs de section qui jusqu'en 1886 s'acquittèrent très bien, pour la plupart, de leurs fonctions multiples, durent, en raison de la difficulté où l'on se trouva, de suppléer aux décédés ou à ceux qui négligeaient leur service, être remplacés par un Collecteur général des recettes.

Voici le rôle de cet agent : « .... Les Chefs de section et le Collecteur actuel seront remplacés par un Collecteur habitant la commune, qui sera l'agent actif de la Société ; il s'engagera, — moyennant une rétribution annuelle de 3oo fr., — à recueillir les cotisations des Membres honoraires et des Membres participants ; à en verser, chaque quinzaine, le montant entre les mains du Trésorier ; à délivrer les mandats d'indemnité, mandats signés et contrôlés par le Président et ne dépassant jamais 10 fr. ; à en remettre le montant aux malades qu'il a pour mission de visiter à domicile, et à qui il délivre les cartes pour la visite du médecin ou pour être admis à ses consultations. Le Président sera avisé par le Collecteur de tout ce qui intéressera la Société et notamment des noms des Sociétaires malades ; enfin, cet agent de la Société s'entendra avec le Secrétaire général pour la remise à domicile des diverses espèces de convocations ou communications. »

Outre ses appointements annuels de 3oo fr., il est alloué au Collecteur, 1 fr. par chaque nouveau Membre adulte admis par son intermédiaire et sa femme reçoit 6o fr, par an, pour se tenir à toute heure du jour à la disposition des Sociétaires, leur remettre les bulletins de visite dont ils peuvent avoir besoin, ou percevoir les cotisations qu'ils n'ont pu payer au Collecteur lors de sa tournée mensuelle.

Les registres du Collecteur sont vérifiés tous les trois mois par une Commission nommée par le Conseil d'administration, laquelle dépose un rapport à la séance qui suit la vérification des comptes.

De cette façon, le recouvrement des recettes s'effectue très régulièrement.

Propagande.

La Société n'a rien épargné pour faire connaître son action bienfaisante et moralisatrice. Les Statuts ont été distribués, les procès-verbaux imprimés et répandus dans la commune. En outre, une notice dont nous avons donné la teneur au chapitre des admissions a été adressée aux habitants en 1883.

Mesures d'ordre.

Dans toutes les associations, quelle qu'en soit la nature et quoique les Membres aient à cœur le succès de l'œuvre, il se produit à certaines époques, sans motif possible à déterminer, des relâchements dans l'observation des règlements. Souvent, il suffit de les signaler, soit individuellement, soit par mesure générale, pour que la situation normale se rétablisse aussitôt. Pareil état de choses se faisait sentir en 1884, aussi le Président adressa-t-il la circulaire suivante à tous les Sociétaires :

« Messieurs et chers Sociétaires,

» Comme interprète des décisions du Conseil d'administration, j'ai l'honneur de porter à votre connaissance les disposilions ci-après qui ont été adoptées dans le but de sauvegarder les intérêts de la Société en remédiant à certains abus :

» 1° Il est absolument interdit à tout Sociétaire de demander la visite du médecin ou de se présenter à sa consultation sans être pourvu d'une carte délivrée et signée par le Chef de section ;

» 2° Le malade qui demande la visite du médecin doit être en possession d'une feuille de visite signée et datée par le Chef de section. Le médecin signera également cette feuille et y inscrira la date de sa première et de sa dernière visite ;

» 3° Les mandats d'indemnité aux malades sont délivrés et signés par le Chef de section tous les dix jours, en observant que les dimanches et jours fériés ne donnent pas droit à l'indemnité et qu'il en est de même pour une indisposition de moins de quatre jours ;

» 4° Ces mandats seront apportés par les intéressés au Secrétaire qui, après les avoir soumis au visa du Président, les transmettra au Collecteur, en temps utile pour que le montant en soit tenu par lui à la disposition des destinataires le dimanche suivant ;

» 5° Il est interdit au Collecteur de payer aucun mandat à moins qu'il n'ait été visé par le Président ;

» 6° Les Sociétaires malades qui laisseraient passer le délai de dix jours sans réclamer le mandat d'indemnité auquel ils ont droit, ne seraient plus admis à en demander le paiement après un délai de huitaine.

» Tels sont, Messieurs, les points de nos règlements sur lesquels j'appelle tout particulièrement votre attention. Ils ont pour but d'assurer l'ordre et la régularité dans le service ; en vous y conformant, vous donnerez une preuve de votre dévouement à notre Société et de la solidarité qui doit exister entre tous ses Membres. »

Depuis, tous les services fonctionnent d'une manière irréprochable.

Bibliothèque.

Préoccupée des besoins intellectuels de ses Membres, la Société de Secours mutuels de Sanvic a tenu à mettre à leur disposition les moyens de s'instruire et de se distraire par des lectures saines et morales : elle a créé à cet effet une bibliothèque spécialement réservée à ses Membres, où ils trouvent des ouvrages appropriés à leurs besoins et à leurs goûts.

Assurance sur la vie.

Une proposition d'assurance collective sur la vie, communiquée au Conseil d'administration le 3 septembre 1868, ne reçut pas un accueil favorable. Le nombre des Sociétés qui assurent collectivement leurs Membres est très restreint. Dans la Seine-Inférieure, une seule Société, celle de Sainte-Adresse, est dans ce cas.

Congrès.

Ayant toujours poursuivi la revendication des droits de la Mutualité, notre association a donné son adhésion à la plupart des Congrès mutualistes.

Elle a été représentée à ceux de Rouen (1882), Marseille (1886), Le Havre (1887), Paris (1889), Philippeville (1890), Bordeaux (1892), Paris (1893), et Saint-Etienne (1895).

Loi sur les Sociétés de Secours Mutuels.

Le projet de loi préparé depuis une douzaine d'années et dont le Parlement ne s'est pas encore occupé a soulevé de vives et nombreuses protestations de la part des Mutualistes pratiques, plus soucieux des résultats à obtenir que des savantes statistiques à dresser. Notre Société s'est toujours associée aux protestataires et dès 1887, le Conseil d'administration adhérait à deux pétitions adressées au.

Conseil général et à la Chambre des Députés pour exposer les revendications des mutualistes :

« Le Conseil est porté à croire, dit en terminant l'exposé des motifs, que ces utiles associations qui renferment l'élite des travailleurs, des ouvriers paisibles et laborieux, se recommandent en quelque sorte d'elles-mêmes, d'une façon toute particulière à l'attention et à la bienveillance de nos législateurs. »

Nous avons encore, à maintes reprises renouvelé nos désiderata.

Notre Société représentée au Havre, en 1892, à la réunion des Sociétés de cette Ville, a chaudement approuvé les exposés clairs et explicites de MM. Siegfried, député, et Génestal, conseiller général, contre les théories que venait d'exposer M. Audiffred, député, rapporteur du projet de loi à la Chambre des Députés.

Déjà, en 1890, à une importante assemblée des Sociétés havraises et de la banlieue, à laquelle assistaient MM. Félix Faure et Siegfried, les mutualistes pratiques avaient exposé leurs légitimes revendications basées sur une expérience d'un demi-siècle et étayées de résultats indiscutables.

Notre théorie peut se résumer en quelques mots : changer pour améliorer, sinon conserver.

Conseil des Sociétés havraises.

En 1890, sur la convocation de M. Félix Faure, les Sociétés de la ville et des cantons du Havre se réunissaient à l'Hôtel de Ville pour jeter les bases d'un *Conseil de la Mutualité havraise.* Ce projet n'a pas été jusqu'ici mis en pratique et c'est regrettable au point de vue de la défense des intérêts mutualistes et des progrès qui pouvaient découler d'une semblable institution. La réunion eut du moins un résultat appréciable ; une grande loterie, organisée par un Comité nommé séance tenante, reçut de la population un accueil enthousiaste. Notre Société participa dans les bénéfices pour une somme de 1,920 fr.

L'Administration municipale du Havre, connaissant tout l'intérêt que porte M. Félix Faure, notre ancien député, élevé à la Présidence de la République, aux Sociétés de secours mutuels et de prévoyance, organisa, en l'honneur du Chef de l'Etat, lorsqu'il fit, en avril dernier, un voyage officiel en Normandie, une représentation de gala au Grand-Théâtre, au profit de ces Associations.

Notre Société reçut, pour sa part, 220 fr. 30.

Diplômes.

A ses débuts, notre Société donnait à chacun de ses adhérents un diplôme de Sociétaire avec signalement complet, pouvant servir de passeport à l'intérieur.

Ce diplôme n'est plus délivré depuis longtemps déjà : il n'aurait plus aujourd'hui, du reste, l'utilité qu'il pouvait avoir à cette époque.

Participation aux Fêtes nationales et patriotiques.

La Société de Sanvic a toujours été représentée par son Conseil d'administration aux Fêtes nationales, elle l'a été également à la célébration des centenaires de 1789 et 1792, à la réception de M. le Ministre du Commerce en 1890 et de M. Félix Faure, Président de la République, le 21 avril 1895.

Hommages de la Société à ses Administrateurs.

Si la reconnaissance n'est parfois qu'un vain mot, ce n'est pas au milieu de notre Société : elle a toujours rendu hommage à ses Administrateurs dévoués et chacun de ses Membres a pieusement conservé le souvenir des services rendus.

A M. Hiéblot, trésorier, qui dut quitter Sanvic en 1871, elle a décerné le titre de Trésorier honoraire ; M. Cayeux qui, de 1871 à 1884, a rempli successivement les fonctions de Trésorier et de Vice-Président, a reçu lors de son départ de la commune le titre de Vice-Président honoraire.

En 1892, M. Gustave Le More recevait une médaille d'or du Gouvernement pour les services rendus à la Société et M. Paul Léger, une médaille de bronze. Une fête fut vite organisée en leur honneur et tous les Sociétaires réunis sous la présidence de M. Lardin de Musset, sous-préfet du Havre, offraient à leur digne Président un superbe bronze symbolique : « Le Travail ».

Aux obsèques de MM. Léon Duplessy, président de 1864 à 1883 ; Aimable Leblond, secrétaire général et vice-président de 1864 à 1890 ; Gustave Le More, trésorier-adjoint, vice-président et président de 1864 à 1894, tous les Sociétaires étaient présents et en témoignant ainsi de leurs regrets et de leurs sympathies aux défunts, ils donnaient un touchant exemple de solidarité sociale et de reconnaissance publique. Il n'est pas étonnant, qu'avec de tels sentiments, notre Société soit prospère et entourée de l'estime de nos concitoyens.

Adresse à M. Félix Faure.

Aussitôt après l'élection de M. Félix Faure à la Présidence de la République, le Conseil d'administration, se souvenant des importants services rendus à la Mutualité par le nouveau Président, envoya l'adresse suivante au Palais de l'Elysée :

» Monsieur le Président,

» Les Membres de la Société de Secours Mutuels de Sanvic, réunis pour la première fois depuis votre élection à la Présidence de la République, tiennent à vous exprimer toute la joie qu'ils ont éprouvée en voyant appelé à la tête de l'Etat l'homme éminent dont ils connaissent le caractère intègre et le dévouement absolu aux intérêts de la Patrie.

» Ils sont aussi heureux que fiers de pouvoir compter, parmi les Membres honoraires de leur Société, l'un des champions les plus fermes et les plus convaincus de la Mutualité, et ont l'honneur de vous prier, Monsieur le Président, d'agréer leurs félicitations les plus sincères et l'assurance de leurs plus respectueux sentiments. »

Fête de la Société.

En 1890, la Société, dans un concert offert à tous ses Membres et auquel assistaient les notabilités de la commune, fêtait le vingt-cinquième anniversaire de sa fondation.

Pour une fois, elle faisait trêve à ses préoccupations pour marquer joyeusement cette longue étape parcourue à la satisfaction générale.

Récompenses décernées aux Administrateurs.

Le gouvernement de la République a accordé aux Administrateurs de la Société les récompenses suivantes :

1875. — M. G. Le More, *vice-président*, Mention honorable ;

1887. — M. Aimable Leblond, *secrétaire général*, Médaille de bronze ;

1889. — M. G. Le More, *président*, Médaille d'argent ;

1892. — M. G. Le More, *président*, Médaille d'or ;

1892. — M. P. Léger, *trésorier*, Médaille de bronze ;

1895. — M. Z. Gaudouin, *secrétaire général*, Mention honorable.

RÉSUMÉ

Moyennant une cotisation de 1 fr. 25 par mois pour les hommes, 1 fr. pour les femmes, et 0 fr. 50 pour les enfants, la Société accorde à ses Membres participants :

1° Les soins du médecin ;

2° Les médicaments ;

3° Une indemnité de 1 fr. par jour de maladie aux Sociétaires hommes ;

4° Une retraite de 50 fr. aux Sociétaires âgés de 65 ans et plus ;

5° Une inhumation convenable lors du décès.

En trente ans, la Société a dépensé de ce fait :

Pour Honoraires du Médecin...........F. 38.400 45
»   Frais pharmaceutiques.............. 50.175 22
»   Indemnités de journées............ 39.628 85
»   Retraites et secours aux incurables.. 15.361 40
»   Frais funéraires................... 13.759 90

Les autres dépenses (frais de gestion, dépenses diverses, versements à la caisse des retraites), forment un total de.............. 19.075 43

La Société dépense par an (moyenne des années 1890 à 1894) :

Par Sociétaire homme F. 14 36 pour un versement de F. 15
»   »   femme » 11 06 »   »   » 12
»   »   enfant » 4 75 »   »   » 6

Chaque Sociétaire malade coûte annuellement (moyenne des années 1890 à 1894) :

Hommes............... F.   31 89
Femmes............... »   20 15
Enfants.............. »   10 19

Malgré ses dépenses totales de 176,401 fr. 25, la Société possède un capital disponible de 19,787 fr. 82 et un fonds de retraites de 10,175 fr. 63.

« A quoi devons-nous attribuer des résultats si heureux et si prospères ? » disait M. G. Le More lors d'un exposé à une Assemblée générale, et il répondait : « Je ne crois pas me tromper en les attribuant à la diversité des professions des Membres de notre Association, à leur sage conduite, à leur amour de l'ordre et de l'économie, ainsi qu'au précieux concours de nos Membres honoraires. »

Ces résultats sont dus aussi, nous en avons la conviction, à la sagesse des Administrateurs et des Sociétaires qui ont toujours eu grand soin de tenir la Société à l'écart des luttes politiques et des discussions religieuses ; de lui assurer ainsi le concours de toutes les bonnes volontés, sans distinction d'opinion ; de l'élever au-dessus des mesquines querelles et des rivalités locales.

L'union féconde de tous dans un même but est le secret de notre force et de notre vitalité.

Les résultats obtenus par notre Association sont un exemple frappant de ce que peut l'initiative privée, encouragée et soutenue par tous les habitants d'une commune fraternellement unis dans une même pensée de bienfaisance mutuelle et de prévoyance sociale.

Imprimerie du Journal LE HAVRE (L. Mégret), 35, rue Fontenelle.